SOMMAIRE

ISBN 2-215-062-34-7

Conforme à la loi n° 49-956
du 16 juillet 1949 sur les publications
destinées à la jeunesse.
Dépôt légal à la date de parution
Imprimé en Italie (08-99).

l'ATLAS NATURE

Conception :
Jane DELAROCHE
Textes :
Laure CAMBOURNAC
Images :
Marie-Christine LEMAYEUR
Bernard ALUNNI

EDITIONS FLEURUS

ÉDITIONS FLEURUS, 15-27 rue Moussorgski 75018 PARIS

LA TERRE

Depuis 250 millions d'années, l'aspect de notre planète n'en finit pas de se transformer et d'évoluer. Autrefois, le monde était très différent de ce qu'il est aujourd'hui. S'il recèle une infinité de paysages et une grande diversité de climats, il n'en a pas toujours été ainsi. Mais comment expliquer tous ces changements ? C'est en explorant le centre de la Terre pour savoir de quoi elle est constituée que l'on peut comprendre comment se sont formés petit à petit les continents, les reliefs et les volcans, et découvrir les secrets de l'évolution de notre globe.

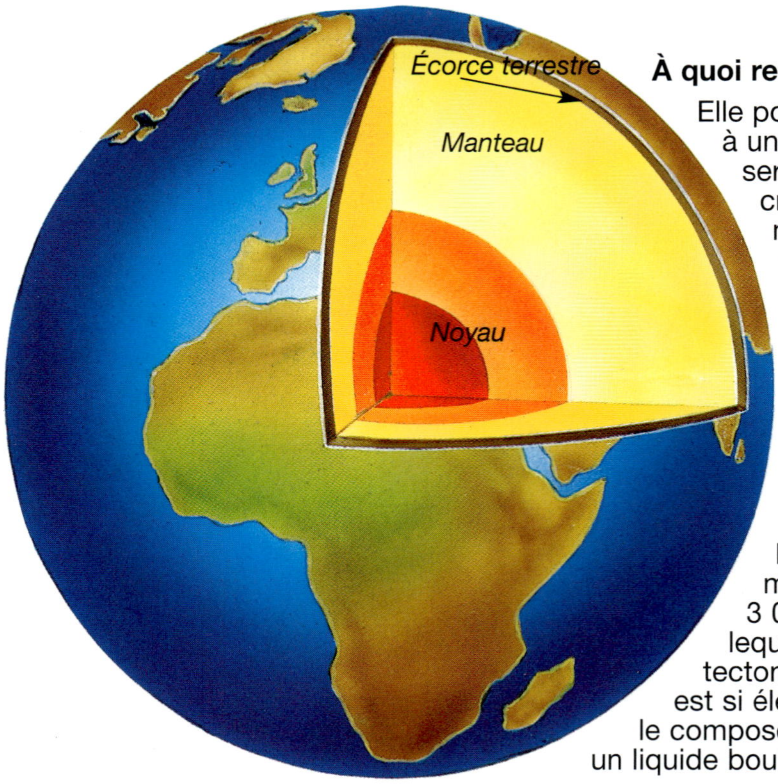

À quoi ressemble notre planète ?

Elle pourrait être comparée à une orange dont la peau serait l'écorce terrestre, une croûte épaisse de 8 km en moyenne sous les océans et de 32 km sous les continents. Au centre de la Terre, à près de 6 000 km de la surface, se trouve un noyau extrêmement chaud, constitué en partie de fer et de nickel. Sa température avoisine les 5 000 °C. Entre les deux se trouve le manteau, qui a environ 3 000 km d'épaisseur et sur lequel reposent les plaques tectoniques. Sa température est si élevée que les roches qui le composent ont fondu, donnant un liquide bouillant : le magma.

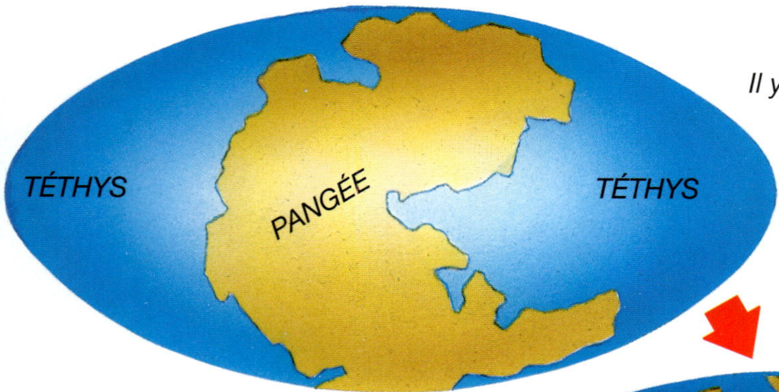

Il y a 250 millions d'années.

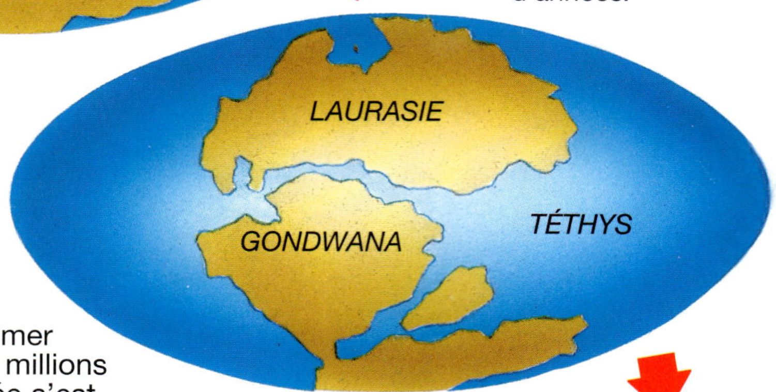

Il y a 200 millions d'années.

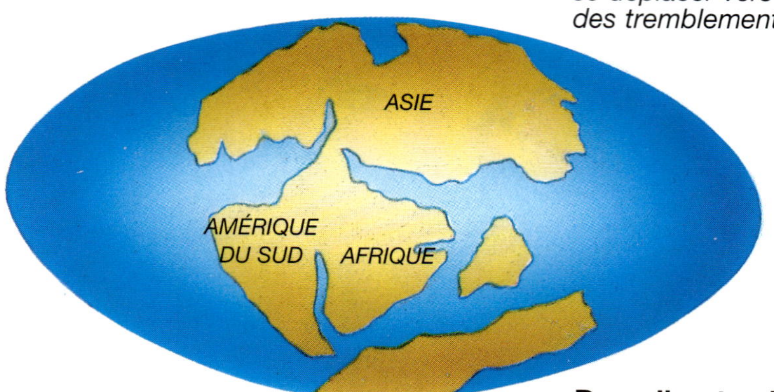

Il y a 135 millions d'années.

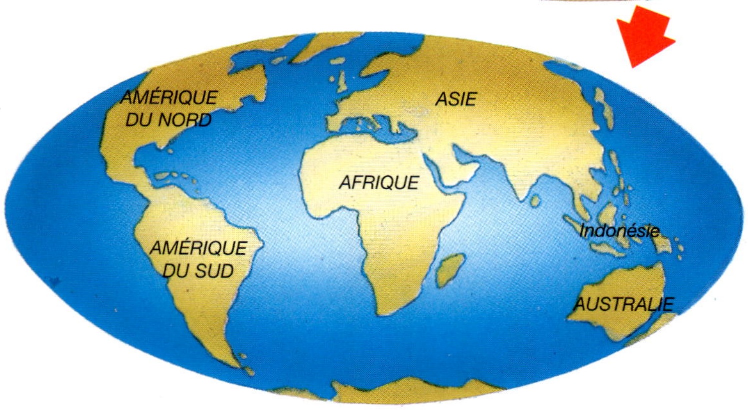

Aujourd'hui, le visage de la Terre continue de se modifier : l'Amérique du Nord et l'Europe s'éloignent l'une de l'autre à raison de 2,5 cm par an et l'Australie se rapproche de l'Indonésie.

La dérive des continents

Il y a 250 millions d'années, les continents actuels étaient regroupés en un seul super-continent appelé « Pangée », entouré par une mer unique, la Téthys. Durant les millions d'années suivantes, la Pangée s'est séparée en deux blocs, la Laurasie et le Gondwana, qui se sont fragmentés à leur tour pour donner naissance aux cinq continents et aux mers actuelles.
Ce phénomène s'explique par la présence, sur toute la surface du globe, de plaques ressemblant aux pièces d'un puzzle géant : les plaques tectoniques, qui bougent lentement mais continuellement, provoquant les modifications de l'aspect et des climats de la planète.

Parfois, deux plaques tectoniques glissent l'une contre l'autre dans les profondeurs de la Terre : il se forme alors une faille sur la surface terrestre. La faille de San Andreas, en Californie, est située en bordure des plaques du Pacifique et de l'Amérique du Nord. La plaque du Pacifique continue à se déplacer vers le nord-est, ce qui engendre des tremblements de terre dans toute la région.

Des climats changeants

Depuis les origines, les climats de notre planète ne cessent d'évoluer. Des périodes de glaciation et de réchauffement se sont succédé, en fonction de la position de la Terre par rapport au Soleil, de la dérive des continents et d'autres phénomènes plus subtils. La première période glaciaire est intervenue il y a plus de 2 milliards d'années et, depuis 2 millions d'années, la fréquence des glaciations s'est accrue.
Il y a 20 000 ans, par exemple, tout le nord de l'Europe ressemblait au continent Antarctique. D'autres régions, au contraire, ont été soumises à des réchauffements qui ont fait apparaître des déserts là où il n'en existait pas.

La formation des montagnes

Quand deux plaques avancent l'une vers l'autre jusqu'à entrer en collision, l'écorce terrestre se déforme peu à peu, se soulève, se plisse. Des millions d'années plus tard, par l'effet de la poussée, les plis ont créé des montagnes. La plupart des montagnes se sont formées de cette manière. C'est ainsi que l'Himalaya s'est soulevé le long des plaques situées entre l'Inde et la Chine, il y a 45 millions d'années. Et comme ces plaques continuent à se rapprocher, l'Himalaya s'élève toujours.

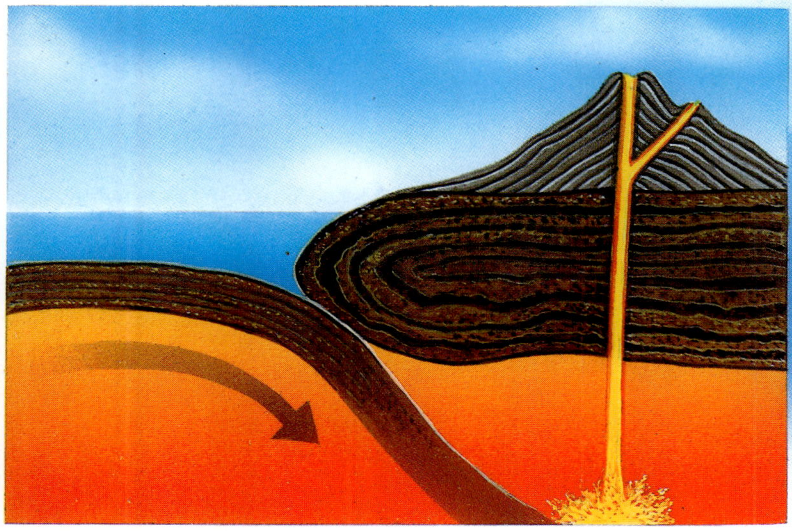

L'île volcanique de Surtsey est apparue au large des côtes de l'Islande en 1963. Le magma est remonté à travers l'écorce terrestre et l'océan, puis s'est solidifié pour donner naissance à une île.

La formation des volcans

La plupart des volcans se forment non loin de l'endroit où deux plaques tectoniques se heurtent. L'une glisse sous l'autre et s'enfonce dans le manteau ; cela crée une pression de plus en plus importante qui fait remonter le magma en surface. Ce phénomène peut se produire à la suite de la rencontre de plaques océaniques et continentales. Certaines éruptions ont lieu du seul fait de la présence d'un point chaud (une source de magma) sous l'écorce terrestre, qui laisse échapper le liquide en fusion.

Le fond des océans

Tout comme la terre ferme, il comporte un relief. Plateaux, grandes plaines et montagnes sous-marines dessinent le fond des océans. Ce relief se transforme lui aussi régulièrement au gré des mouvements des plaques. Ainsi, avec le temps, se soulèvent des dorsales ou se créent des fosses. La plus profonde est la fosse des Mariannes, dans le Pacifique : elle mesure 11 km de profondeur !

Et les grottes ?

Il y a environ 100 millions d'années, la mer chaude était peuplée de créatures microscopiques, de coquillages et de coraux. À leur mort, leurs squelettes se sont peu à peu entassés sur les fonds marins jusqu'à se transformer en une couche de calcaire. Des milliers d'années plus tard, quand la mer de Téthys s'est par endroits retirée, elle a laissé cette épaisseur de calcaire. Les eaux de pluie et de ruissellement s'y sont infiltrées, creusant dans cette roche tendre galeries, gouffres, cavernes et grottes souterraines.

LES PHÉNOMÈNES NATURELS

Ce sont des événements qui surgissent soudainement et étonnent souvent par leur puissance et leur caractère « magique ». Ils s'expliquent généralement par la réunion de diverses conditions (météorologiques, géologiques...) qui peuvent avoir des conséquences catastrophiques. De typhons en éruptions volcaniques, de séismes en déluges, notre Terre n'est pas une planète calme et certaines régions du monde sont particulièrement touchées.

À l'approche des pôles, de magnifiques écharpes de lumière colorées s'étirent la nuit dans le ciel sur des milliers de kilomètres. Au nord, on les appelle **aurores boréales** et au sud, **aurores australes**. Ce sont des phénomènes lumineux dus à la rencontre de minuscules particules électriques venues du Soleil avec la haute atmosphère. Ce spectacle féerique n'a, lui, rien de dangereux.

Les tornades sévissent à l'intérieur des terres. Un tourbillon de vent se forme soudain dans les nuages et descend rapidement vers le sol, prenant la forme d'un long cône qui fonctionne comme un tuyau d'aspirateur. Le vent de ce tourbillon peut tourner à 500 km/h ! C'est une tempête très courte mais extrêmement violente, dévastant tout sur son passage.

Les cyclones ou ouragans se manifestent sous les tropiques. Ils naissent en pleine mer pendant les mois les plus chauds de l'année. Des vents violents se mettent à tourbillonner, formant un entonnoir géant qui se déplace sur la mer. Au centre se trouve une partie calme : l'œil du cyclone. Le cyclone provoque des vagues ravageuses et des pluies impressionnantes.

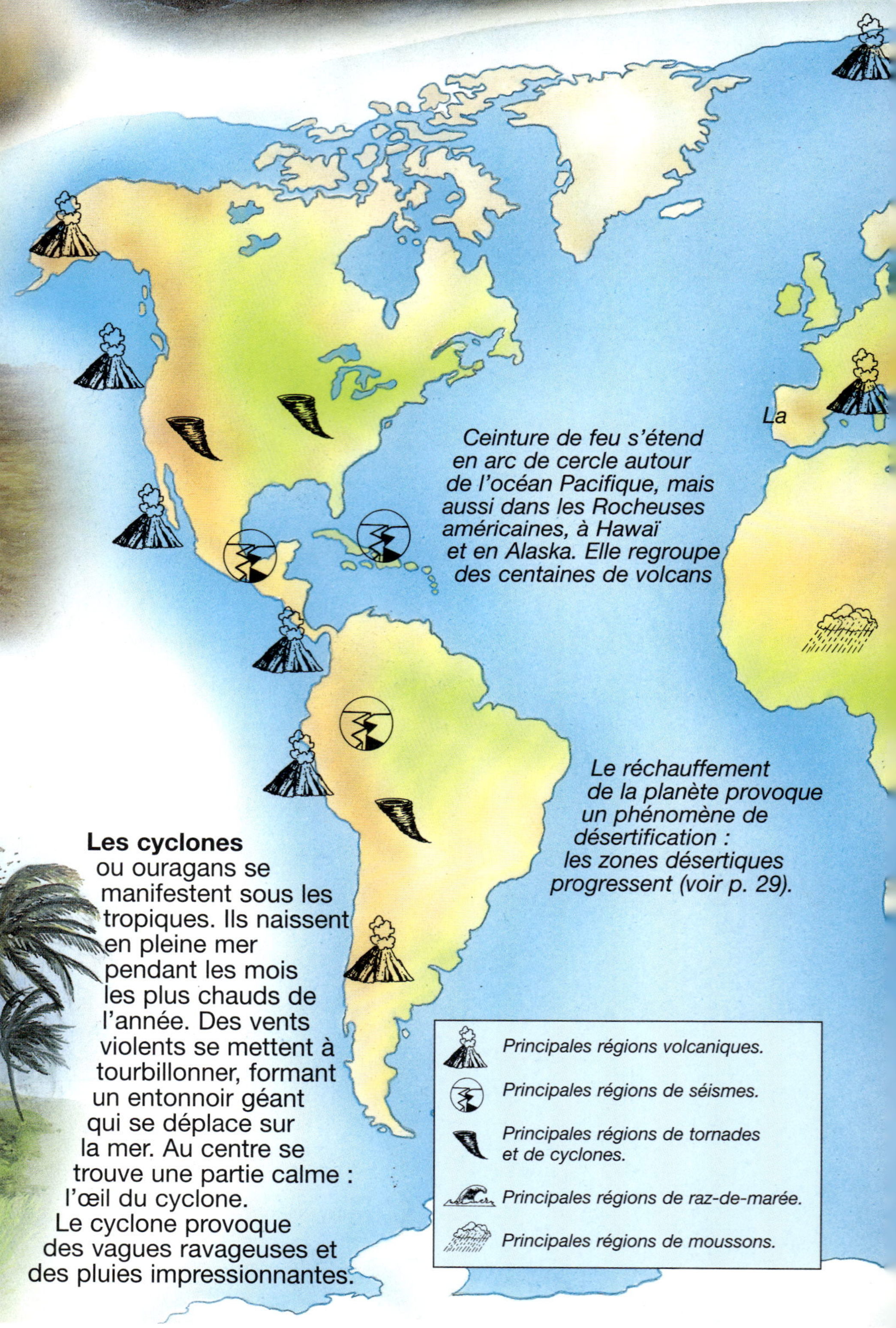

Ceinture de feu s'étend en arc de cercle autour de l'océan Pacifique, mais aussi dans les Rocheuses américaines, à Hawaï et en Alaska. Elle regroupe des centaines de volcans

Le réchauffement de la planète provoque un phénomène de désertification : les zones désertiques progressent (voir p. 29).

En montagne, lorsqu'une couche de neige fraîche n'a pas eu le temps de se tasser sur le manteau neigeux déjà présent, que la pente de la montagne est importante ou qu'au printemps, la neige commence à fondre et s'alourdit, les risques d'**avalanche** sont grands. Une vibration causée par le passage d'un skieur ou un réchauffement brutal peuvent déclencher le glissement d'une plaque de neige.

Environ 500 volcans actifs se répartissent dans les zones immergées de la planète. Chaque année, d'énormes quantités de magma contenues dans le sous-sol de la Terre remontent à la surface au cours d'**éruptions volcaniques**. Les volcans les plus dangereux sont les volcans explosifs : leur cratère est resté bouché pendant des années, parfois même des siècles par de la lave et des cendres refroidies. Il cède brutalement sous la pression du magma, alors même qu'on croyait le volcan éteint.

Les moussons sont des vents qui soufflent principalement au sud de l'Asie. Lorsque, venus de l'océan, ils arrivent sur le continent après 6 mois de saison sèche, ils apportent avec eux des pluies diluviennes qui provoquent des inondations incroyables pendant plusieurs semaines.

L'écorce terrestre ressemble à un puzzle dont les différentes pièces portent le nom de «plaques tectoniques». Sous l'effet de la pression du magma contenu au centre de la Terre, ces plaques bougent, provoquant des vibrations qui se répercutent des profondeurs du sous-sol jusqu'en surface : ce sont des séismes ou **tremblements de terre**.

Les raz-de-marée, appelés aussi «tsunamis» en japonais, se produisent à la suite d'un tremblement de terre ou d'une éruption volcanique. Les secousses qui agitent le fond de l'océan créent des séries de vagues qui se déplacent très vite. En arrivant près des côtes, elles perdent de la vitesse mais se dressent comme des murailles d'eau, parfois hautes de 30 m ! Ces vagues géantes s'abattent alors sur le littoral.

LE CANADA ET L'ALASKA

Limité au sud par les États-Unis, au nord-ouest par l'Alaska et s'étendant au nord bien au-delà du cercle polaire, le Canada étire son territoire sur 5 000 km de long entre les océans Atlantique et Pacifique. Ce vaste territoire (13 fois la France et la Grande-Bretagne réunies) rassemble à la fois une mosaïque de lacs, des forêts sauvages, des déserts de glace inhospitaliers où le sol ne dégèle jamais et de hautes montagnes parsemées d'étonnants glaciers. Partout, la nature encore préservée est d'une incroyable beauté.

Le parc national Kluane abrite plus de 200 glaciers.

Le glacier Kaskawulsh s'étire sur plus de 70 km à l'intérieur du parc national Kluane, dans la province du Yukon. Ses deux bras se réunissent pour former un imposant fleuve de glace et d'éboulis, qui progresse à une vitesse quotidienne de près de 1 m par jour !

Le glacier Kaskawulsh fait partie de la chaîne côtière des montagnes Rocheuses, qui borde l'océan Pacifique. Ici, nombreux sont les sommets qui dépassent facilement les 5 000 m. C'est d'ailleurs à cet endroit que se trouve la plus haute montagne du Canada, le mont Logan. Dans cette région au climat polaire, même les glaciers atteignent des tailles impressionnantes.

Dans le nord-ouest se trouve le site sauvage du parc national Nahanni, déclaré patrimoine mondial par l'Unesco. Dans cette région qui regorge de grottes et de sources d'eau chaude, on raconte qu'il y avait autrefois des mines d'or, aujourd'hui mystérieusement disparues. C'est aussi là que grondent les **chutes Virginia**, où l'impétueux fleuve Nahanni se précipite d'une hauteur de 90 m, soit presque 2 fois plus haut que les chutes du Niagara !

Chutes Virginia

Le Lac Louise est un véritable joyau. Il fut baptisé ainsi en l'honneur de la princesse Louise, fille de la reine Victoria d'Angleterre.

Le Canada rassemble le quart des rivières et des lacs du globe. Beaucoup de ces lacs sont des étendues d'eau immenses mais peu profondes. D'autres, comme **le lac Louise**, au pied du mont Victoria, sont des lacs de haute montagne alimentés par la fonte des glaciers. Nichés dans les vallées d'altitude des montagnes Rocheuses, ils offrent le spectacle grandiose des hauteurs enneigées et des forêts de sapins de Douglas qui les entourent, se reflétant dans le miroir de leurs eaux turquoise et glacées.

Dans les régions polaires du Grand Nord, à l'extrémité nord du Canada, l'ours blanc règne en maître et supporte les rudes températures (- 40 °C) des longs hivers. Il se retrouve parfois sur les glaces flottantes, loin de la terre ferme.

Terre-Neuve tourne vers l'Europe ses côtes déchiquetées et ses nombreux archipels offerts aux vents violents de la région.

Relié à la péninsule de Gaspésie par un simple banc de galets, le **Rocher percé** dresse son imposante masse au-dessus de l'eau. Avec le temps, les vagues sont parvenues à creuser une arche qui lui a valu son nom.

Au sud de la baie d'Hudson, dans la province du Manitoba, le sol peut geler jusqu'à 300 m de profondeur. Mais, quand les températures remontent, en été, la terre gorgée d'humidité se couvre d'un tapis de mousses, de lichens et de fleurs d'un rouge éclatant.

Le site du Rocher percé est un vrai repaire d'oiseaux marins attirés par les eaux poissonneuses qui l'entourent.

L'été indien a lieu au début du mois d'octobre, juste après les premières gelées quand le temps se radoucit un peu pendant une ou deux semaines. Les forêts qui bordent le Saint-Laurent s'embrasent alors de couleurs rouges, jaune doré, orange et pourpres selon les espèces d'arbres. C'est la période que les Indiens choisissaient autrefois pour migrer vers les territoires de chasse.

De vastes forêts encore préservées recouvrent une importante partie du Canada. Parmi les arbres remarquables, un des plus typiques est l'érable, qui se teinte d'une couleur rouge sang à l'automne. Sa feuille orne le drapeau du Canada et sa sève, récoltée aux premiers beaux jours du printemps, permet, une fois bouillie, de fabriquer un délicieux sirop doré.

LES ÉTATS-UNIS

Avec leurs immenses espaces jadis peuplés par les Indiens, leurs déserts de rocailles qui s'étendent à perte de vue, leurs phénomènes géologiques uniques, leurs chutes d'eau célèbres et leurs forêts spectaculaires, les États-Unis comptent une variété de paysages étonnants. Depuis 1872, une cinquantaine de parcs nationaux ont été créés pour protéger cette richesse naturelle et les sites les plus exceptionnels tels que les pionniers les avaient découverts au XIXe siècle.

Sculpté et modelé par des milliers d'années d'érosion, cet étonnant paysage lunaire a servi de formidable décor naturel à des westerns très connus.

Yellowstone est le plus vaste et le plus ancien des parcs américains. Il repose sur une véritable marmite de lave en fusion et rassemble le plus grand nombre de geysers en activité et de sources d'eau chaude de la planète. L'une de ces sources, dont l'eau est à 90 °C, possède des teintes incroyables.

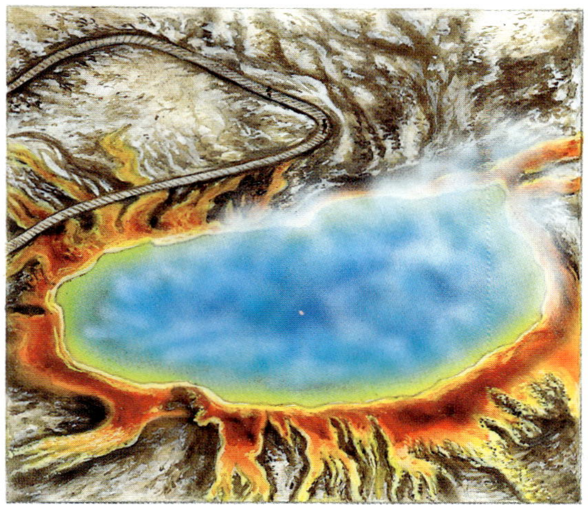

L'Arch National Park abrite des ponts de pierre spectaculaires que le vent, la pluie et les eaux de ruissellement ont creusés dans la roche pendant des millions d'années. Les Indiens s'imaginaient que ces sculptures naturelles ouvertes sur le bleu du ciel étaient des fenêtres donnant accès au monde des esprits.

La Vallée de la Mort est une immense cuvette cernée par de hautes montagnes aux noms terrifiants : Pic Cercueil, Monts Funérailles... Dans ce désert brûlant, situé au-dessous du niveau de la mer, d'immenses étendues de sel alternent avec des dunes de sable et des escarpements rocheux multicolores.

Le Grand Canyon représente un des plus spectaculaires paysages dus à l'érosion. Couvrant une superficie de 5 200 km², cet ensemble monumental de gorges dont certaines atteignent 1 600 m de profondeur, de falaises abruptes et de talus en escaliers a été sculpté depuis 340 millions d'années et sur 446 km par les méandres du fleuve Colorado et d'un de ses affluents. Les différentes couches de roches rouges et ocre racontent toute l'histoire géologique de la Terre. On y a même découvert des fossiles de libellules et de requins vieux de plusieurs siècles !

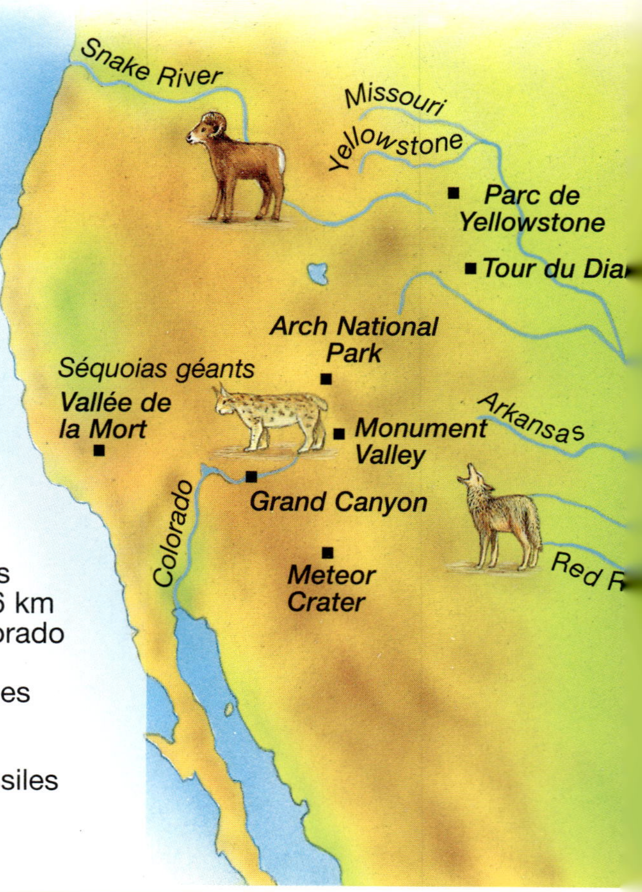

Monument Valley est située en plein cœur d'une réserve indienne et ressemble à un gigantesque ensemble de blocs de grès rouge, dont certains se dressent à plus de 300 m au-dessus des plaines désertiques. Chacune de ces cathédrales de pierre porte le nom qui lui a été donné par les ancêtres des 30 000 Indiens Navajo qui peuplent encore ces terres.

Les séquoias sont des arbres géants que l'on peut admirer dans des forêts au nord de la Californie. Aujourd'hui protégés de la scie des bûcherons, ces étonnants conifères figurent parmi les plus grands et les plus anciens végétaux de notre planète. Certains, âgés de près de 3 000 ans, atteignent 130 m de haut ! L'un d'entre eux avait même le tronc si large qu'au XIXe siècle on y avait creusé un tunnel permettant le passage d'une diligence ! Mais cet arbre a fini par se coucher en 1968.

La Tour du Diable est une étonnante montagne volcanique de près de 300 m de haut. C'était autrefois un volcan en activité, avec en son cœur une cheminée de basalte par où s'échappait la lave. Il y a des milliers d'années, quand les éruptions ont cessé, le vent et la pluie ont peu à peu érodé ses flancs. Il ne reste qu'une tour aux parois striées de fissures creusées par le magma qui s'est contracté en se refroidissant.

Le Meteor Crater a été creusé par une météorite tombée sur notre planète il y a près de 25 000 ans. Cette vaste cavité de 175 m de profondeur et de plus de 1 km de diamètre serait due à l'impact d'une poussière d'étoile d'environ 25 m de diamètre qui se serait écrasée sur la Terre à plus de 80 000 km/h !

Les Everglades constituent une mosaïque de forêts tropicales impénétrables et de prairies marécageuses, où poussent des joncs géants et des plantes aux racines extraordinaires. Un parc naturel a été créé pour protéger certaines espèces animales.

Dans la langue des Indiens Iroquois, Niagara signifie « les eaux du tonnerre ».

Les chutes du Niagara sont situées sur la frontière entre le Canada et les États-Unis. Elles sont formées par deux gigantesques cascades. La plus haute et la plus arrondie se trouve du côté canadien. Chaque minute, des millions de litres d'eau se déversent dans un bruit assourdissant et un brouillard de vapeur d'eau.

L'AMÉRIQUE CENTRALE ET LE MEXIQUE

Formant une bande de plus en plus étroite jusqu'à l'isthme de Panama, l'Amérique centrale s'étend sur huit pays et des centaines d'îles souvent volcaniques qui composent l'archipel des Antilles. Le Mexique, d'une superficie de quatre fois la France, rassemble sur son territoire des déserts arides, des montagnes entaillées de gorges, des volcans toujours en activité...

Les cactus porte-couteaux Avec leurs tiges munies de féroces piquants aussi impénétrables que des barbelés, ils recouvrent le sol des déserts mexicains. Ces hérissons géants, qui peuvent mesurer 3 m de long, ne poussent qu'à l'horizontale ; ils avancent lentement de 2,5 cm par an en rampant par-dessus n'importe quel obstacle.

À **Cuba**, la plus grande île des Antilles, des montagnes en forme de bosses de chameau se dressent comme des champignons au milieu de vallées verdoyantes où est cultivé le tabac. Ces petits reliefs, appelées **Mogotes**, s'élèvent parfois à plus de 100 m de haut ! Recouvertes d'une végétation luxuriante, ces curiosités sont les vestiges d'anciennes montagnes érodées par les vents violents et les pluies tropicales diluviennes.

La couleur bleu turquoise des eaux de cette superbe cascade du Mexique s'explique par la présence d'oxyde de cuivre dans les roches.

Les cascades d'Agua Azul coulent dans le sud du Mexique en une succession de spectaculaires paliers. Se fracassant sur les marches d'un escalier géant, le torrent descend de la montagne en grondant, au milieu des hurlements des singes et des cris des toucans qui peuplent la forêt. En contrebas, le fleuve apaisé forme de magnifiques piscines naturelles dans lesquelles il est possible de se baigner.

Les volcans qui ne dorment que d'un œil sont nombreux sur les îles des Antilles... À la Martinique, le 8 mai 1902, le cratère de la montagne Pelée explosa, ravageant de ses laves la ville de Saint-Pierre située au-dessous et faisant 30 000 morts.
En Guadeloupe, la dernière éruption de la Soufrière, sans conséquences graves, remonte à 1976.
Sur l'île de la Dominique, le volcan de Morne-Trois-Pitons gronde régulièrement et laisse échapper des fumerolles.
Les îles Sainte-Lucie et Saint-Vincent sont aussi menacées par des volcans qui peuvent entrer en éruption à tout moment.

Le volcan de la montagne Pelée domine le massif volcanique de l'île de la Martinique. Des spécialistes le surveillent en permanence car il peut se manifester à tout moment.

Au large du Belize se trouve l'un des plus grands trous bleus du monde. Large de 318 m, il est profond de 125 m.

Les trous bleus sont de superbes taches bleu sombre qui apparaissent dans l'eau au milieu de récifs de coraux, au large des côtes du Belize et des Bahamas. Il s'agit de gigantesques puits verticaux. Ces cavités se sont formées à l'emplacement d'anciennes grottes terrestres qui se sont retrouvées inondées quand le niveau de la mer s'est mis à monter, à la fin de l'époque glaciaire.

Au printemps, ces cactus donnent des fleurs blanches qui se changent en fruits ronds, dorés et poilus.

Le cactus cardère, avec ses ramifications en forme de branches de candélabres et sa hauteur qui atteint facilement celle d'un immeuble de quatre étages, est le cactus le plus grand du monde.
Il pousse dans le désert de Sonora, au nord-ouest du Mexique, et peut vivre jusqu'à 200 ans.
C'est une véritable éponge, capable d'absorber la moindre trace d'humidité grâce à ses racines très ramifiées situées juste sous la surface du sol.

L'archipel des îles Vierges offre des paysages de carte postale au milieu d'une mer d'un bleu intense. Il est composé de plus de 80 îles et îlots recouverts de forêts odorantes d'un vert éclatant et bordés de plages de sable blond. Ces lieux ont tout d'un paradis terrestre, sauf entre mai et octobre, lorsque les ouragans se déchaînent et emportent tout sur leur passage.

L'AMÉRIQUE DU SUD

LE NORD-EST

Avec sa gigantesque forêt humide qui s'étend sur des centaines de kilomètres en Amazonie et en Guyane, ses milliers de fleuves et de rivières constamment nourris par les pluies tropicales, ses magnifiques chutes d'eau, ses plantes exceptionnelles et sa faune très riche, le nord-est de l'Amérique du Sud est une région où la nature règne en maître. Autrefois respectée par les Indiens, cette nature est aujourd'hui menacée par la pollution et la déforestation.

Autour de ces chutes a été aménagée la plus grande réserve animale du Brésil.

Les chutes d'Iguaçu, les plus importantes de la planète, se trouvent à la frontière entre le Brésil et l'Argentine. Moins hautes que celles de Salto Angel, au Venezuela, qui plongent d'une hauteur trois fois supérieure à la hauteur de la tour Eiffel, les chutes d'Iguaçu s'étendent sur un arc de cercle de 4 km de large. Dans un grondement continuel, 21 chutes principales et 250 chutes secondaires se fracassent depuis les falaises d'une hauteur moyenne de 65 m. Le voile de vapeur d'eau qu'elles dégagent, travers par les rayons du soleil, entraîne la formation de magnifiques arcs-en-ciel.

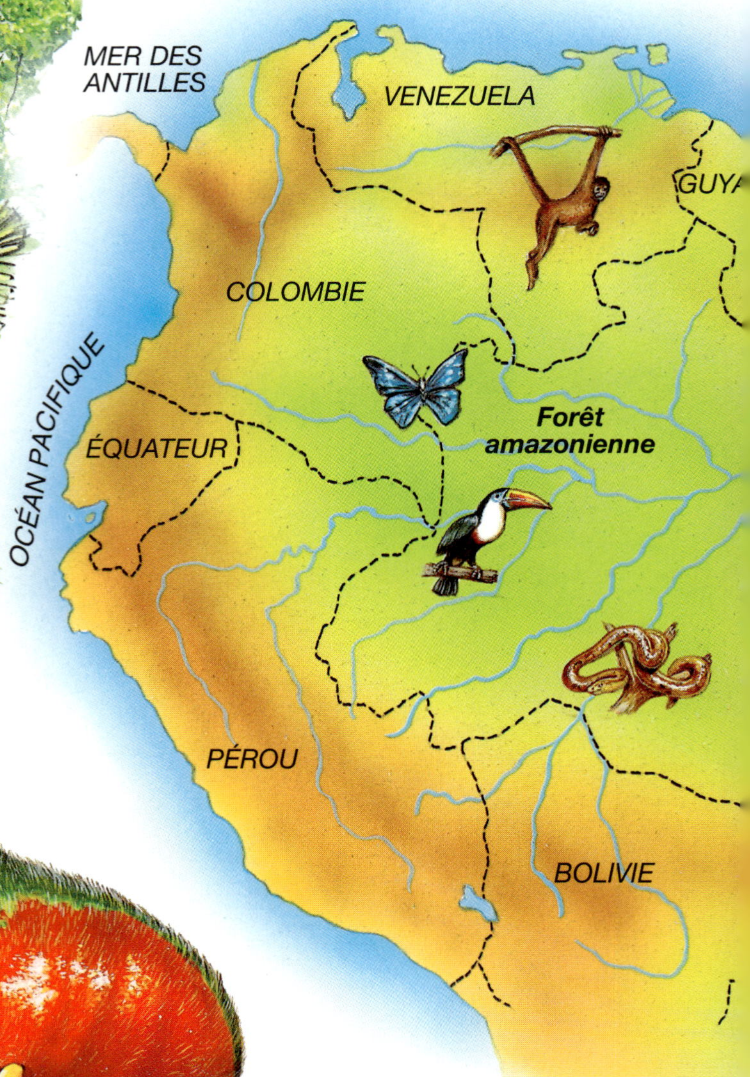

La forêt amazonienne est la plus vaste du globe. Elle regroupe à elle seule 50 % des espèces animales et végétales de la planète, dont certaines n'ont jamais encore été identifiées. Dans cette jungle impénétrable, où règne toute l'année, un climat chaud et humide, les arbres peuvent mesurer 40 m de haut. Pour les scientifiques, ce milieu est un extraordinaire laboratoire. Certains chercheurs, suspendus à des harnais, prélèvent dans les arbres des insectes géants, des grenouilles qui ne descendent jamais au sol, des feuilles et écorces aux propriétés médicinales... qu'ils analysent une fois redescendus.

Les plantes à fleurs ont besoin des oiseaux et des insectes pour transporter leur pollen et permettre ainsi leur reproduction. Certains végétaux, comme cette « plante-bouche » (Cephaelis tomentosa), utilisent tous leurs charmes pour attirer les animaux qui pourront les polliniser.

De nombreux perroquets vivent dans la forêt amazonienne. Les plus colorés sont les aras macao, ci-dessous.

L'Amazone est le fleuve qui a le plus grand débit au monde. Long de 7 000 km, tortueux et boueux, mais navigable sur presque tout son cours brésilien, il subit chaque année des crues impressionnantes. Pendant 6 mois, le déluge des pluies tropicales le fait déborder, inondant en même temps la forêt amazonienne alentour. Les poissons nagent alors entre les arbres de la forêt !

Sur les hauts plateaux très humides qui dominent la jungle du Venezuela on trouve les étranges plantes-amphores (à gauche). Le sol sur lequel elles poussent est si pauvre et si peu nourrissant qu'elles sont devenues carnivores pour survivre. Elles piègent les insectes dans leurs feuilles en forme de vase rempli d'eau de pluie, puis lentement, elles les digèrent.

Les lys Victoria sont d'étonnants nénuphars qui s'épanouissent dans les marécages qui bordent l'Amazone. Leurs feuilles peuvent mesurer jusqu'à 2 m de diamètre et supporter près de 70 kg !

L'immense baie de Guanabara, au Brésil, abrite 84 îles et îlots escarpés dominés par d'étonnants pitons granitiques en forme de pain de sucre. Le plus célèbre, mais pas le plus haut, le **pain de sucre de Rio,** se dresse à 396 m au-dessus de la ville.

Plusieurs pitons rocheux caractérisent la côte près de Rio. Les Brésiliens les nomment « morros » (collines).

LES ANDES ET LES GALAPAGOS

Dans l'ouest de l'Amérique du Sud, le long de l'océan Pacifique, la cordillère des Andes s'étire sur six pays. C'est la plus longue chaîne de montagnes du monde et ses pics culminent à des altitudes vertigineuses. De part et d'autre, des déserts inhospitaliers alternent avec des lagunes desséchées, des hauts plateaux d'altitude où poussent des cactus géants, et de vastes lacs de montagne où se reflètent les sommets enneigés. Au large de l'Équateur, dans les îles Galapagos, sorties des profondeurs de l'océan, vivent des animaux fascinants qui semblent venus tout droit des temps préhistoriques.

Situé en Bolivie, **l'Altiplano** est un immense plateau de 800 km de long cerné de pics et de volcans, à une altitude moyenne de 3 650 m, dans la partie centrale de la cordillère des Andes. Sur ces vastes étendues, il pleut rarement, les vents violents peuvent geler le sol à tout moment et, la nuit, la température descend parfois jusqu'à - 20 °C. Peu d'animaux sont capables de survivre sur ces terrains désolés et seuls quelques lamas et vigognes arpentent la plaine, à la recherche de maigres plaques de végétation.

Dans le nord du Chili s'étend **le désert d'Atacama**, le plus grand désert d'Amérique du Sud et l'un des plus secs et des plus hauts de la planète. Au nord pourtant, près de la frontière bolivienne, des lacs se dessinent dans un univers volcanique où se développent diverses mousses.

La partie centrale de ce désert est particulièrement aride : il peut ne pas pleuvoir pendant 20 ans ! De grandes lagunes salées et asséchées recouvrent le paysage. La boue, en se contractant, crée de profondes fissures et, dans ce décor lunaire, il suffit de quelques gouttes de pluie pour que de maigres plantes renaissent près des craquelures.

À 4 000 m d'altitude pousse un cactus géant, le Puyas Raimondi. Cette plante est capable de résister au froid et à la sécheresse des Andes.

Le lac Titicaca, au nord de l'Altiplano, entre le Pérou et la Bolivie, constitue l'une des plus grandes étendues d'eau douce d'Amérique du Sud. C'est aussi le plus haut des lacs navigables de la planète (3 812 m d'altitude). Il est alimenté en permanence par la fonte des neiges des sommets environnants.

Les Galapagos forment un archipel sauvage de 13 îles et 47 îlots volcaniques. Leurs côtes sont bordées de champs de lave refroidie et de déserts de cailloux, tandis que la forêt vierge recouvre l'intérieur des terres. Ici, vivent toutes sortes d'animaux étonnants : des tortues géantes de 500 kilos, des manchots nains ou des fous à pieds bleus. Mais les plus impressionnants sont certainement les iguanes. Les plus grands sont terrestres et peuvent mesurer 1,75 m de long. Les iguanes marins (ci-dessous) sont les seuls lézards adaptés à la vie maritime : afin de trouver les algues qu'ils aiment, ils n'hésitent pas à plonger la tête la première dans les vagues de l'océan !

En Argentine, dans la vallée encaissée de Humahuaca, la nature offre des paysages exceptionnels, telle **la montagne aux Sept Couleurs** dont les pentes arides se colorent du beige au violet dans un magnifique dégradé. Cette surprise géologique, à plus de 3 000 m d'altitude, est due en particulier à la présence d'oxydes métalliques dans le sous-sol.

Les Galapagos se trouvent à 1 000 km à l'ouest de l'Équateur, dans l'océan Pacifique.

L'Aconcagua, en Argentine, est le sommet le plus élevé des Andes.

La cordillère des Andes est la colonne vertébrale du continent sud-américain. S'étendant du nord au sud, le long du Pacifique sur presque 7 000 km, cette chaîne de montagnes au sous-sol riche en minerais d'or, d'argent et de cuivre comprend une cinquantaine de volcans en activité, qui se manifestent parfois par de violents tremblements de terre. Bon nombre de ses sommets frôlent ou dépassent les 6 000 m d'altitude. Les plus célèbres sont l'Aconcagua, qui culmine à 6959 m, le Cotopaxi, le volcan actif le plus élevé de la planète, à 5 897 m, et le majestueux Parinacota, à 6 330 m, au-dessus du lac Chungara.

LA PAMPA ET LA PATAGONIE

La pointe de l'Amérique du Sud est composée de trois régions qui diffèrent totalement du reste du continent : la Pampa, la Patagonie et la Terre de Feu. À l'est, protégée par la cordillère des Andes, la Pampa étend à perte de vue son paysage herbeux. Plus au sud, la Patagonie, balayée par des vents qui peuvent atteindre près de 200 km/h, partage entre le Chili et l'Argentine ses montagnes déchiquetées, ses fjords et ses glaciers géants. À l'extrémité du continent, séparée de celui-ci par le détroit de Magellan, se trouve la Terre de Feu, une des régions les plus inhospitalières du monde.

Les baleines franches australes, chassées depuis des siècles, avaient presque disparu. Désormais protégées, elles reviennent plus nombreuses chaque année et restent quelques mois au large de la péninsule Valdés.

Le parc national Torres del Paine, au Chili, est un grand plateau battu par les vents et dominé par un massif de pics montagneux formé il y a 12 millions d'années. Ce parc rassemble des cascades, des lacs parsemés d'icebergs, des glaciers reflétant le bleu du ciel et une végétation abondante. En effet, plus de 200 espèces de plantes poussent dans cette région humide où il pleut autant qu'en Irlande.

Le glacier Perito Moreno, ci-dessous, est si grand qu'il pourrait contenir la ville de Buenos Aires (capitale de l'Argentine) !

Avec ses 300 glaciers, le parc national des Glaciers, en Argentine, mérite bien son nom. L'un des plus spectaculaires, **le Perito Moreno**, est le seul sur la planète à être en expansion. Alimenté par des sommets constamment arrosés, sa langue de 30 km de long et 4 km de large avance lentement, en progressant de quelques centimètres par mois, dans le lac Argentino. À son extrémité, d'énormes blocs de glace se détachent régulièrement de sa falaise de 70 m de haut pour tomber dans le lac, provoquant un fracas assourdissant. Tous les 4 ou 5 ans, ils causent même des mini-raz-de-marée qui innondent le rivage.

Les invités de la péninsule Valdés
La péninsule Valdés est un petit bout de terre rattaché à la Patagonie, connu pour la richesse de sa faune : guanacos (cousins du lama), nandous (proches de l'autruche), maras (rongeurs hauts sur pattes), tatous. Mais les eaux qui la bordent sont aussi le repaire des éléphants de mer, ainsi que des baleines franches australes venues s'y reproduire.

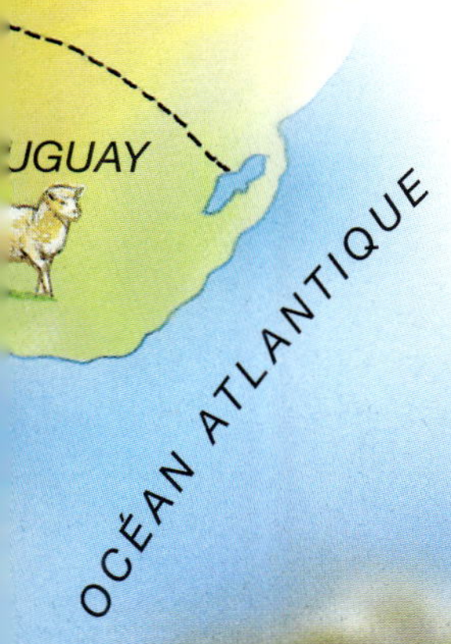

La Pampa, dont le nom signifie en indien « surface plate », est une vaste région qui couvre 2 000 km du nord au sud, 1 000 km d'est en ouest, et qui se déploie sur 3 pays : l'Argentine, le Brésil et l'Uruguay. Pas une montagne ne se dresse pour arrêter les vents ! Çà et là, quelques rares forêts brisent la monotonie de ce territoire qui s'étend à l'infini tel un océan d'herbe. Les cow-boys d'Amérique du Sud, les « gauchos », y font paître leurs troupeaux.

Iguanodon

Il y a 10 000 ans environ, des hommes vivaient déjà sur les terres sauvages de Patagonie. Mais, bien avant eux, les dinosaures avaient aussi occupé la région.

Dans « **la vallée des dinosaures** », 34 gigantesques empreintes à 3 doigts d'iguanodons herbivores de 4 m de haut ont été retrouvées, ainsi que celles de carnivores deux fois plus petits qui devaient vivre là il y a 105 millions d'années.

Les aiguilles déchiquetées du **mont Fitz Roy** culminent à 3 375 m dans le sud de l'Argentine. Ses sommets de granit sont loin d'être les plus hauts d'Amérique du Sud, mais la verticalité de sa face nord en fait une des montagnes les plus impressionnantes du monde. Les rares Indiens qui habitaient cette région l'avaient surnommé « le dieu des Fumées », en raison des nappes de nuages qui entourent en permanence ses sommets. Le long de ses parois hostiles et glacées, le vent souffle en bourrasques continuelles.

Punto Tombo, au sud de la péninsule Valdés, offre des paysages lunaires qui constituent un abri de choix pour les manchots de Magellan. Leurs nids, qui forment comme des petits cratères à la surface du sol, sont entretenus par chaque nouvelle vague d'oiseaux et ont déjà été utilisés par plusieurs générations de manchots. À la période de reproduction, ils sont des milliers à se trouver là dans leur tenue noire et blanche.

LE NORD DE L'EUROPE

Bordée par des mers froides qui rappellent la proximité du cercle polaire arctique, cette partie de l'Europe mérite un détour pour la beauté de certains de ses paysages. En Norvège, tout le long du littoral, la mer a creusé au pied des montagnes des baies incroyablement échancrées. En Finlande, des forêts s'étendent à perte de vue, dans un paysage tapissé de milliers de lacs. En Islande, des volcans en activité se mêlent à des glaciers géants pour créer des univers étonnants. Le long des côtes d'Irlande, de très anciennes éruptions volcaniques ont laissé d'étranges traces de leur activité.

Dans le sud-ouest de l'Islande, le sous-sol bouillonne du feu des volcans. Une trentaine de geysers et une cinquantaine de petits cratères de sources d'eau chaude, appelés « sources bleues », crachent sans fin des fumerolles, des vapeurs de soufre et de l'eau bouillante venues des entrailles de la Terre. L'un des plus réguliers, **le geyser Strokkur**, projette toutes les 15 min environ son panache d'eau brûlante (97 °C) à près de 30 m de haut.

Sur la lave fertile des très vieux volcans apparaissent parfois d'étonnantes boules de verdure ou de fleurs.

La Chaussée des géants, en Irlande, et la **grotte de Fingall**, sur les côtes de l'île de Staffa, en Écosse, sont de curieuses formations géologiques. Du côté écossais, de surprenantes colonnades forment une voûte qui s'ouvre sur la mer et, en face, en Irlande, des milliers de colonnes de basalte dessinent des marches d'escalier plus ou moins hautes, le long du littoral. La légende raconte qu'un géant écossais, Finn McCool, aurait taillé cette chaussée dans la roche pour rejoindre sa fiancée irlandaise.

Les troupeaux de moutons sont nombreux dans les îles du nord de l'Europe. L'Islande en compte 400 000 !

La grotte de Fingall (Écosse)

La Chaussée des géants (Irlande)

Perdus dans la campagne, arrosés de pluies abondantes et souvent recouverts d'une épaisse brume, **les lacs écossais** éveillent l'imagination. Le loch Ness, le plus connu, abriterait un monstre effrayant, mi-serpent mi-dragon, qui serait arrivé dans ce lac il y a très longtemps par un canal relié à la mer. Cette légende est tellement présente dans les esprits que le lac a été plusieurs fois exploré... sans résultat.

L'Islande est une île de feu et de glace. C'est la partie émergée d'une montagne volcanique sous-marine surgie du fond des mers il y a 15 millions d'années. Le quart du pays est constitué de zones désertiques, de paysages lunaires, de cendres durcies et de volcans actifs aux colères imprévisibles, tandis que plus d'un dixième du territoire est recouvert de glaciers. D'ailleurs, son nom, Islande, signifie Terre de glace en islandais. **Le Vatnajökull,** ci-dessous, est le plus important glacier d'Europe. Sa glace porte les traces noirâtres des débris volcaniques qu'elle soulève en se déplaçant.

En Islande, une éruption se produit à peu près tous les 5 ans. Heureusement, rares sont celles qui sont assez importantes pour faire fondre l'épaisse couche de glace et provoquer de désastreuses inondations.

Les côtes de Norvège, que bordent la mer du Nord et l'océan glacial Arctique, sont particulièrement découpées. Les glaciers ont creusé depuis des milliers d'années de profondes vallées aujourd'hui ouvertes sur la mer : **les fjords**. Ces fjords, plus ou moins larges, creusent le littoral et s'enfoncent à l'intérieur des terre, parfois sur des dizaines de kilomètres. Sur la surface de leur eau turquoise se reflètent les pics prodigieux des monts scandinaves qui les entourent. Le fjord le plus étroit, et l'un des plus profonds, est dominé par des falaises de 1 400 m de haut.

Au-delà du cercle polaire, en Laponie finlandaise, **la taïga** s'étend sur des milliers de kilomètres. Cette forêt, composée principalement de conifères et de bouleaux, se couvre d'un épais manteau blanc dès le mois d'octobre. Pendant l'hiver, qui dure environ six mois, la température peut chuter jusqu'à - 50 °C et il ne fait plus jour que pendant 4 heures. Les gloutons profitent alors de ces quelques heures de clarté pour chasser écureuils, lapins ou même renne isolé !

LE SUD DE L'EUROPE

Cette partie de l'Europe, bordée par la Méditerranée et l'océan Atlantique, recèle de très beaux paysages, sauvages et variés. On y trouve des côtes superbement découpées, plusieurs chaînes de montagnes imposantes (les Alpes, les Pyrénées), de magnifiques lacs (en Suisse et en Italie), d'épaisses forêts de pins ou de feuillus, mais aussi d'étonnantes régions désertiques. Cette richesse naturelle fait le bonheur des nombreux touristes qui viennent visiter cette région du monde, attirés par toutes ces curiosités. Beaucoup de parcs et de réserves ont été créés pour préserver ces milieux, leur faune et leur flore.

Bordant les côtes normandes, les blanches **falaises d'Étretat** dominent les vagues de la Manche. Attaquées en permanence par les flots et le vent, ces murailles de calcaire se sont usées pour finalement créer des arches naturelles et une aiguille qui font la célébrité de ce littoral.

1. **Les volcans d'Auvergne**, au centre de la France, forment une chaîne de près de 80 volcans aujourd'hui éteints. Ils alignent leurs dômes verdoyants et leurs cratères bouchés, offrant un magnifique panorama.

2. **Les gorges de l'Ardèche** peuvent s'admirer en voiture, à pied ou en canoë. En se frayant un chemin dans le plateau calcaire, la rivière les a creusées au fil du temps. Dessinant des méandres au milieu de la garrigue et encadrées de hautes falaises, ces gorges sont trouées de grottes et de rivières souterraines.

3. **La dune du Pilat**, située à l'embouchure du bassin d'Arcachon, s'étire sur 3 km en bordure de l'Atlantique. Avec ses 114 m de haut, cette montagne de sable géante est la plus haute dune d'Europe !

Avec son sol craquelé et sa maigre végétation, le centre de l'Espagne est une des régions les plus arides d'Europe. Les hivers sont rigoureux et les étés torrides. Les habitants disent du climat : « Neuf mois d'hiver, trois mois d'enfer ! »

Dans le sud de l'Espagne, en Andalousie, **le désert des Tabernas** ressemble au désert américain d'Arizona : rochers escarpés et écrasés de soleil, sol dépourvu de végétation. Ce paysage a inspiré des réalisateurs de cinéma, qui sont venus y tourner de nombreux westerns !

Dans le désert des Tabernas subsistent d'étranges villes fantômes, anciens décors de western.

Le massif du Mont-Blanc, qui déploie de nombreuses crêtes et aiguilles de granit et abrite d'imposants glaciers, s'étend à la lisière de trois pays : la France, la Suisse et l'Italie, sur 42 km de long. Situé dans le nord des Alpes, il comprend 13 sommets de plus de 3 000 m ! Dominant la vallée de Chamonix, le plus haut sommet d'Europe, le mont Blanc, culmine à 4 808 m. Mais il continue à s'élever de 1 mm par an, sous l'action du plissement alpin.

Sous l'effet du réchauffement de la planète, les glaciers du massif du Mont-Blanc, comme la mer de Glace (15 km de long), reculent et se rétrécissent.

En été, les Alpes se couvrent de milliers de fleurs multicolores. Sur les pentes, des primevères, des gentianes bleues, des lis s'épanouissent... Ces fleurs sont si belles et si rares qu'il est interdit de les cueillir.

Les randonneurs peuvent se promener sur les flancs de ce volcan.

SICILE Etna

Sur les côtes méditerranéennes, de magnifiques criques aux parois rocheuses s'ouvrent le long du littoral : **les calanques**. À Cassis, près de Marseille, une vingtaine de ces gorges plus ou moins échancrées s'étendent sur plusieurs kilomètres. Elles forment de petits abris naturels où l'eau d'un bleu azur invite à la baignade et à la pêche aux oursins.

La péninsule italienne abrite de nombreux volcans en activité : le Vésuve, près de Naples, le Vulcano et le Stromboli, dans les îles Éoliennes, et **l'Etna,** en Sicile. Ce dernier culmine à 3 350 m. Avec ses quatre grands cratères et ses centaines de cônes secondaires, c'est le plus grand volcan actif d'Europe. À son sommet, un panache de vapeur et de gaz s'élève du cratère principal. À partir de 3 000 m, son sol est recouvert de pierres volcaniques noires.

L'EST DE L'EUROPE

Cette partie de l'Europe est plutôt montagneuse et assez boisée; la nature à l'état sauvage y est encore très présente. Ses plus hauts sommets se situent en Autriche, recouverte à 74 % de montagnes. Plus au sud, les pays qui bordent la mer Adriatique, comme la Croatie, le Monténégro, l'Albanie et la Grèce, sont aussi largement pourvus de reliefs importants, mais de plus basse altitude. Prenant leur source au cœur des montagnes de l'est de l'Europe, deux grands fleuves, le Rhin et le Danube, la traversent de part en part, se frayant un chemin jusqu'à la mer, l'un en direction du nord, l'autre vers le sud.

__Le Tyrol__, en Autriche, est une très belle région montagneuse faisant partie de la chaîne des Alpes. Beaucoup de ses sommets dépassent 3 000 m. Dès les beaux jours, les vallées se tapissent de fleurs sauvages.

Le Rhin, qui prend sa source dans les hauteurs des Alpes suisses et se jette 1 320 km plus loin dans la mer du Nord, traverse une partie de l'Allemagne. À Schaffhouse, alors qu'il atteint 160 m de large, il tombe brutalement d'une hauteur de 23 m entre d'énormes blocs de roche, formant des chutes impressionnantes. Ses eaux en furie s'effondrent au milieu des embruns, dans un grondement incroyable.

Les Météores de Thessalie, en Grèce, forment des reliefs étonnants. Une soixantaine de pics et de blocs de pierre se dressent vers le ciel tels des menhirs géants. Les plus élevés de ces pitons rocheux atteignent la hauteur de la tour Eiffel. Sur certaines de ces aiguilles de grès, des moines ont jadis bâti des monastères, au bord des précipices.

La côte de la Croatie porte le nom de « côte aux mille îles ». Dessiné par de larges baies, de nombreux îlots plus ou moins sauvages et des falaises donnant sur une eau bleue et transparente, ce littoral est superbe. On y trouve l'île la plus ensoleillée de la mer Adriatique, où il gèle à peine un jour par an !

L'arche naturelle la plus haute d'Europe se trouve en République tchèque. Situé près de la frontière allemande, en Bohême, dans une région montagneuse et boisée, ce pont de pierre, qui a pris forme avec le temps, est remarquable par ses dimensions. Il mesure 30 m de long et sa voûte s'élève à 21 m.

Sur les hauteurs du massif des **Tatras**, en Pologne, dans la chaîne des Carpates, le mont Rysy reflète son sommet (2 499 m) dans les eaux de deux magnifiques lacs (ci-dessous). Le plus haut, « le lac Noir », est situé au pied des parois abruptes. Le plus impressionnant, « l'oeil de la mer », grand comme 30 terrains de football, est en contrebas. Une légende dit qu'il serait relié à la mer Adriatique par un mystérieux souterrain !

En Pologne, un parc national a été créé pour protéger la forêt de Bialowiesa, où sont élevés les derniers bisons d'Europe. Dans cette forêt sombre et humide, ils sont désormais une cinquantaine à vivre en liberté.

Après avoir parcouru 2 850 km et traversé une dizaine de pays en Europe, **le Danube** pénètre dans la mer Noire par un large delta. Il s'étale alors en un vaste marécage en partie protégé pour sa flore et sa faune. En effet, les roseaux qui bordent ses canaux sont superbes et, à l'automne, quantité d'oiseaux migrateurs viennent faire escale dans cette région avant de partir pour l'Afrique.

Hérons cendrés et martins-pêcheurs sont parmi les fidèles habitants du delta du Danube.

LE NORD DE L'AFRIQUE

L'Afrique est le continent le plus chaud. L'immense désert du Sahara occupe un tiers de sa surface ! Ses paysages de dunes, de roches et de cailloux s'étendent à l'infini, entrecoupés au centre par deux massifs montagneux : le Hoggar et le Tibesti. À l'est, le Sahara se poursuit jusqu'en Égypte, n'arrêtant sa course qu'aux rives verdoyantes du Nil, tandis qu'au nord-ouest, le long des côtes bordées par l'océan Atlantique, il vient buter contre les montagnes de l'Atlas. Au Maroc, on peut faire du ski à quelques kilomètres du désert !

La chaîne de l'Atlas longe les côtes nord de l'Afrique et aligne ses formations rocheuses au Maroc et en Algérie. Ses deux plus hauts sommets dépassent 4 000 m. Les cimes enneigées culminent ainsi aux portes du désert. Sous ces montagnes aux neiges éternelles, les hauts plateaux calcaires sont entaillés de gorges et de ravins creusés par l'érosion.

Le parc national du Djoudj, dans le delta du fleuve Sénégal, est une véritable oasis de verdure au seuil du désert. Cette réserve ornithologique, la troisième du monde, accueille une multitude d'oiseaux migrateurs. Fatigués par leur traversée du Sahara, ces voyageurs trouvent là leur premier marais d'eau douce.

À l'époque de la nidification, près de trois millions d'oiseaux migrateurs se retrouvent dans le parc national du Djoudj !

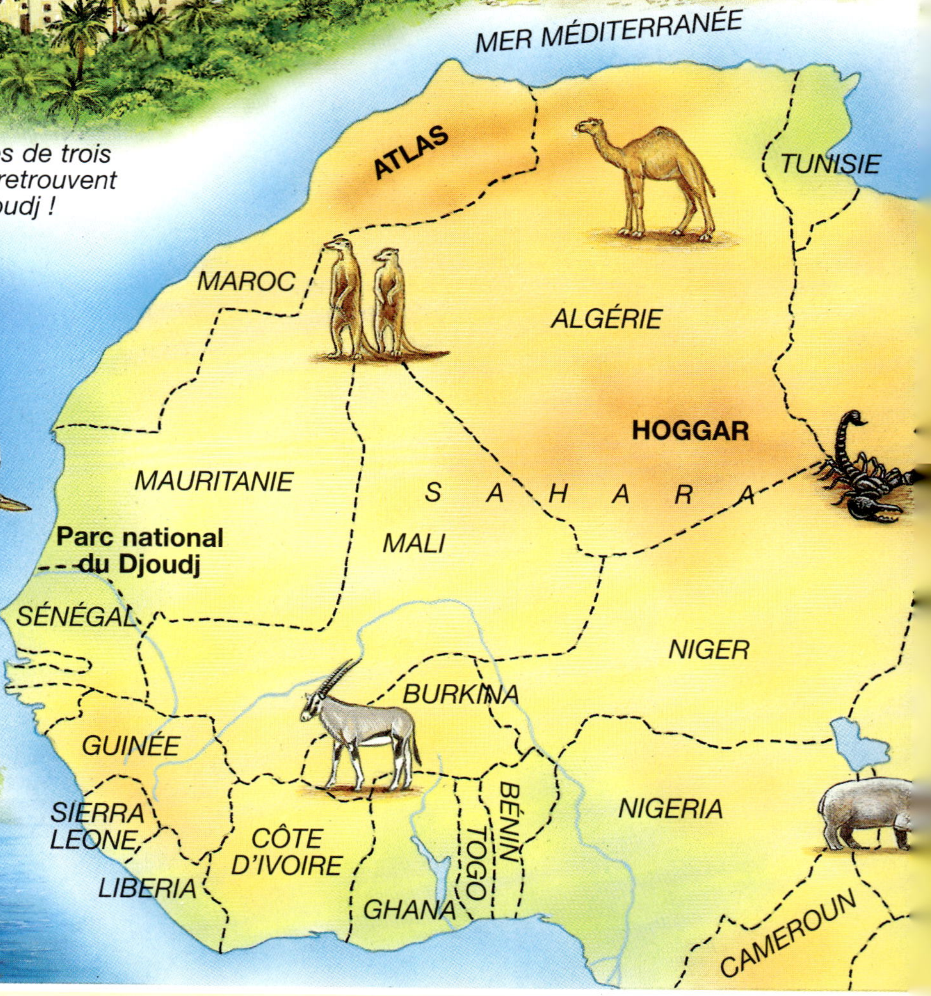

Le Hoggar, avec le Tibesti, est l'un des deux plus importants massifs montagneux du Sahara. Au centre de ce paysage lunaire, les plus hauts pitons culminent à près de 3 000 m. Cette région désertique est parmi les plus chaudes de la planète. On y a relevé la température incroyable de 78 °C !

Dans le Sahara, de violents alizés poussent le sable, qui gagne du terrain : au sud, le désert a avancé sur des dizaines de milliers de kilomètres en moins de 50 ans !
Il y a 400 millions d'années, le Sahara était un océan et, 230 millions d'années plus tard, une forêt vierge le recouvrait !

Le Sahara est le plus vaste désert du monde. Grand comme 15 fois la France, il s'étend sur 10 pays de l'Atlantique à la mer Rouge. Les dunes, dont la forme évolue sans cesse avec le vent, recouvrent à peine la moitié de sa superficie. Le reste est occupé par des plaines caillouteuses, interrompues parfois par des reliefs rocheux. Ce désert ne reçoit presque jamais d'eau. L'irrigation et les oasis sont donc essentielles.

Le Nil, qui prend sa source dans le massif du Ruwenzori, est le plus grand fleuve du continent africain. Après 6 670 km de parcours vers le nord, il disperse ses eaux en un delta, quadrillé de canaux, de fleuves et de rivières, avant de se jeter dans la mer Méditerranée. Les crues du Nil ont longtemps apporté avec elles la fertilité pour les terres, mais aussi des inondations ravageuses. Aujourd'hui, les barrages ont régulé son cours et une étroite vallée verdoyante le borde sur près de 1 000 km.

Dans le delta du Nil, la mer gagne peu à peu sur la côte. Les eaux marécageuses du fleuve, déjà polluées par les déchets de la ville surpeuplée du Caire, se couvrent par endroits d'un épaisse couche de jacinthes d'eau qui rend parfois la navigation impossible.

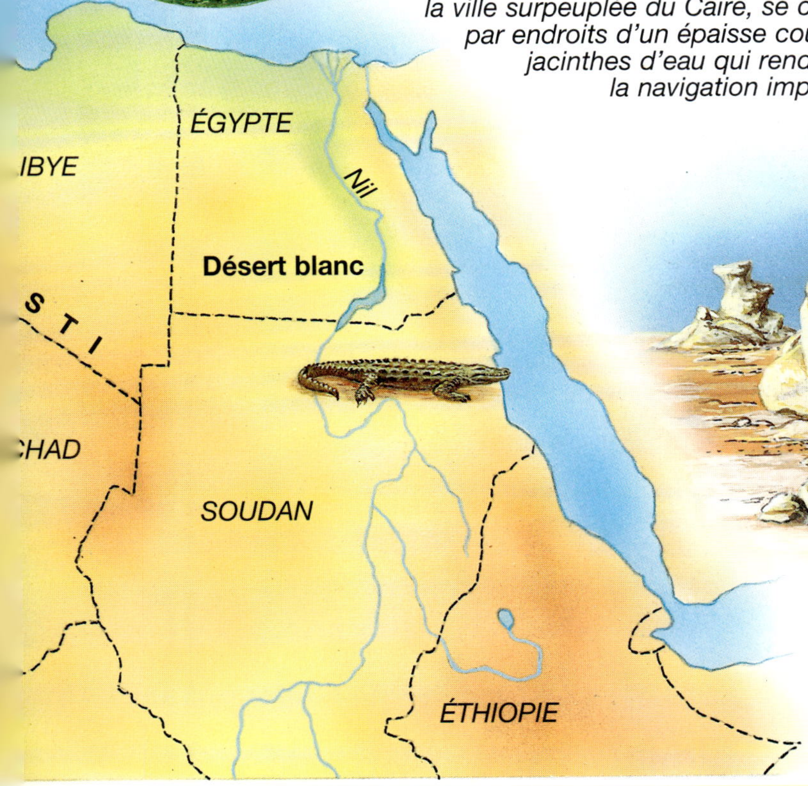

Le désert blanc d'Égypte

Ce désert ressemble au paysage d'une autre planète. Au milieu du sable et des cailloux, des centaines de blocs de calcaire se dressent au soleil. Sculptés depuis des milliers d'années par les vents, ils ont la silhouette de colonnes ou de champignons géants aux formes arrondies et aux reflets blancs. Les plus grands de ces fantômes de pierre peuvent atteindre 5 m de haut et offrent pendant la journée un peu d'ombre aux fennecs et aux souris du désert.

LE CENTRE DE L'AFRIQUE

De forêts tropicales en savanes brûlées et de massifs montagneux en lacs gigantesques, les paysages sont encore bien différents du reste du continent. À deux pas de l'équateur, trois montagnes aux neiges éternelles dépassent les 5 000 m : le Ruwenzori, le Kilimandjaro et le mont Kenya. Des lacs surprenants parsèment le paysage comme le lac Victoria, aussi grand que la Suisse. Le plus beau restant le paradis des Seychelles, l'archipel qui fait rêver !

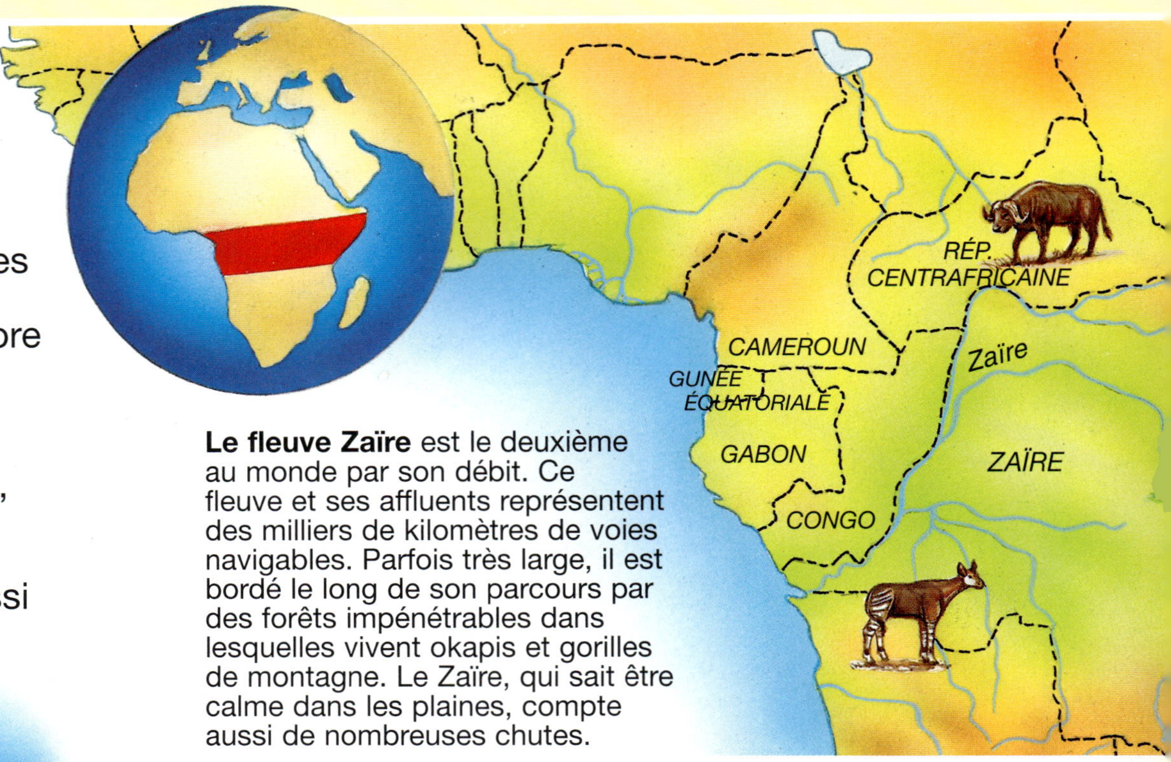

Le fleuve Zaïre est le deuxième au monde par son débit. Ce fleuve et ses affluents représentent des milliers de kilomètres de voies navigables. Parfois très large, il est bordé le long de son parcours par des forêts impénétrables dans lesquelles vivent okapis et gorilles de montagne. Le Zaïre, qui sait être calme dans les plaines, compte aussi de nombreuses chutes.

Les massifs enneigés du Ruwenzori, cachés dans la brume et les nuages et arrosés plus de 300 jours par an, forment un paysage inattendu si près de l'équateur ! Dans les vallées de ces montagnes, qui culminent à plus de 5 000 m, poussent des plantes de 10 m de haut ! Ces végétaux géants sont aussi présents sur les flancs du Kilimandjaro. On les trouve chez les fleuristes d'Europe, mais ils ne mesurent que quelques dizaines de centimètres !

La savane africaine ressemble à une immense plaine à perte de vue. L'herbe qui la recouvre, jaune à la saison sèche, se transforme en un tapis vert dès les premières trombes d'eau de la saison des pluies. Brusquement, sur des milliers de kilomètres carrés, l'étendue herbeuse baignée de soleil se couvre d'animaux : des gnous, des zèbres, des girafes, des gazelles, des éléphants, qui cohabitent en troupeaux, menacés parfois par les lionnes affamées.

Avec leur forme caractéristique de parasol ouvert, les acacias sont les seules hauteurs visibles dans les paysages de savane. Ces arbres sont couverts d'épines, ce qui n'empêche pas les girafes de brouter les jeunes pousses, perchées parfois à 5 ou 6 m, en tendant leur long cou.

Certaines îles des Seychelles offrent des plages jonchées d'imposants blocs de granit qui se teintent en gris ou en rose selon la lumière du jour.

Avec ses plages bordées de cocotiers et ses lagons d'eau turquoise où pullulent les poissons tropicaux, **l'archipel des Seychelles** et ses 115 îles semblent paradisiaques. La plupart de ces îles sont des reliefs sous-marins qui émergent à la surface de l'océan.

Sur l'île de Praslin, dans de grandes forêts bruissant d'oiseaux exotiques poussent près de 4 000 cocos de mer. Ils donnent un fruit à la forme particulière, appelé « coco fesse ». Les plus gros pèsent 30 kg !

Les pluies tropicales, brèves et violentes, qui arrosent fréquemment les Seychelles favorisent une végétation luxuriante. On y trouve 75 espèces de plantes à fleurs qui n'existent pas ailleurs, telle que l'orchidée sauvage.

À l'est, la région est trouée de nombreux lacs volcaniques, situés sur une profonde faille de l'écorce terrestre. À la limite de l'Éthiopie, **le lac Turkana** aligne sur 250 km de long ses berges verdoyantes et ses îlots grouillant de milliers de flamants roses et d'ibis. Dans ses eaux claires, les crocodiles évoluent au milieu des perches du Nil de 100 kg et de poissons-tigres très agressifs. Plus au sud se trouve le lac Victoria, si large qu'il forme presque une mer intérieure.

Au-dessus de la savane de la Tanzanie et du Kenya se dresse une étonnante montagne isolée, couronnée de blanc et souvent cachée par les nuages : **le Kilimandjaro**. Cette « montagne blanche qui luit », comme l'appellent les Africains, est le plus haut sommet d'Afrique. Son « pic de la Liberté » culmine à 5 895 m. En haut de ce volcan endormi, il fait un froid polaire et 3 cratères laissent parfois échapper des fumerolles, montrant ainsi que ce volcan bouillonne encore sous la glace et la neige.

LE SUD DE L'AFRIQUE

Bordée à l'ouest par l'océan Atlantique et à l'est par l'océan Indien, cette partie du continent africain rassemble des particularités naturelles étonnantes. Les grands fleuves qui la traversent sont imprévisibles, comme le Zambèze, dont les chutes Victoria sont célèbres, ou l'Okavango, qui abreuve des dizaines d'espèces animales grâce à son delta. Dans le désert du Namib se dessinent les plus hautes dunes du monde, que dévalent les éléphants, tandis que sur l'île de Madagascar poussent de robustes baobabs capables de faire d'incroyables réserves d'eau !

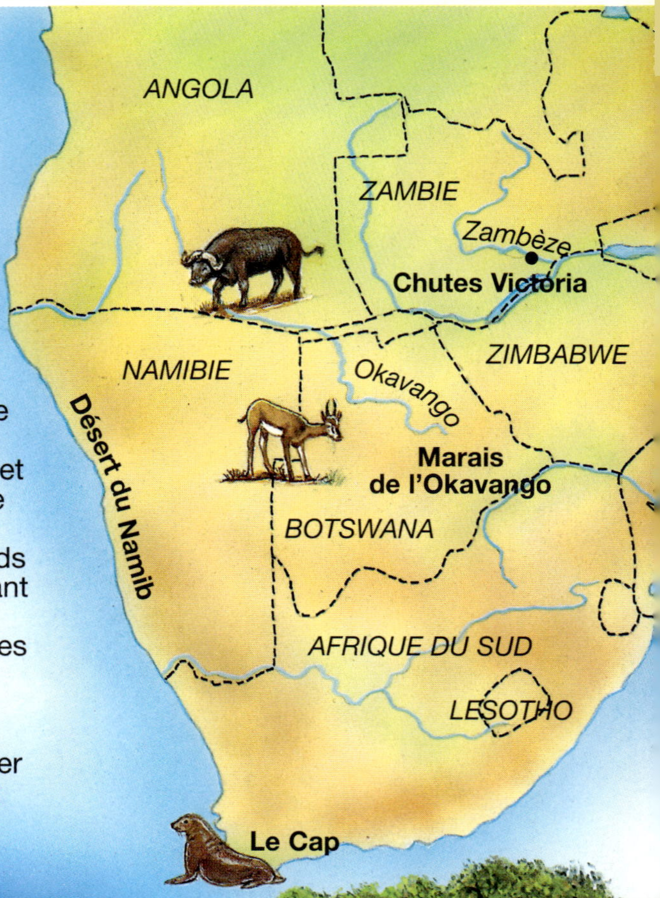

Le désert du Namib borde la côte atlantique de la Namibie sur une étroite bande de 1 500 km de long et d'environ 80 km de large. Dans ce désert, où il peut ne pas pleuvoir pendant vingt ans, d'épais brouillards se forment, provoqués par un courant froid venu de l'Antarctique. Ils humidifient le sol ; ainsi, les girafes et les zèbres peuvent s'abreuver en mangeant le feuillage couvert de buée, tandis que les lions se rendent sur le rivage pour croquer les otaries qui ont suivi le courant glacé depuis l'Antarctique.

Le welwitschia, qui pousse dans le déser du Namib, est capable de résister à l'aridit au point de survivre à deux années de sécheresse. Cette plante étonnante recueil la moindre trace d'humidité. Dans ce milie pourtant très hostile, les plus vieux welwitschias ont environ 2 000 ans.

L'Okavango est un véritable fleuve-éponge. Au mois de mars commence sa crue annuelle. Gonflé par les pluies il s'étale en un immense delta intérieur Ses eaux stagnent dans la plaine au lieu d'aller se jeter dans la mer. Sur les terres arides apparaissent alors des îlots couverts de roseaux et d'oiseaux, un labyrinthe de rivières où abondent les hippopotames, des marais infestés de crocodiles... Quand vient la décrue du fleuve, les terres gorgées d'humidité se transforment ensuite en riches pâturages pour quelques mois.

Le baobab est un arbre étrange : son bois spongieux, qui s'imbibe d'eau à la saison des pluies, peut lui donner des formes caractéristiques. Si une seule sorte de baobab pousse en Afrique, sept espèces différentes se développent sur l'île de Madagascar. Certains se gonflent tellement d'humidité qu'ils finissent par ressembler à des tonneaux ! On les appelle « arbres-bouteilles ». D'autres sont de véritables géants qui peuvent atteindre la hauteur d'un immeuble de sept étages !

Dans le nord-ouest de Madagascar, sur les hauteurs de Bemahara, des pics de calcaire de 30 m de haut, appelés ***tsingy****, surgissent d'une forêt impénétrable comme les piquants d'un hérisson gigantesque. Longtemps restée inexplorée, cette réserve naturelle est truffée de grottes et de rivières souterraines infestées d'anguilles géantes très agressives.*

Les chutes Victoria, sur le fleuve Zambèze, plongent d'une hauteur de 108 m pour se fracasser dans une gorge étroite. Leur vacarme est si assourdissant que les Africains ont très longtemps eu peur de s'en approcher, pensant que ces chutes étaient habitées par un esprit terrifiant. Un nuage d'écume s'élève en permanence au-dessus du site, traversé par des arcs-en-ciel.

Se déployant comme un éventail géant, ***l'arbre du voyageur*** *de Madagascar peut mesurer jusqu'à 10 m de haut. Son nom lui vient de ses feuilles : elles forment à leur base une sorte de petit réservoir dans lequel l'eau de pluie est recueillie et permet au voyageur d'étancher sa soif.*

À l'extrémité de l'Afrique, des rivages de la Namibie au cap de Bonne-Espérance, les plages sont un repaire idéal pour **les otaries du Cap**. Elles s'y installent pendant l'hiver pour se reproduire et élever leurs petits. Le long de ces côtes, l'eau, refroidie par des courants venus de l'océan Antarctique, regorge de poissons.

LE NORD DE L'ASIE

Son immensité place cette région du monde parmi les plus contrastées. Des étendues polaires de la Sibérie jusqu'au désert froid de Gobi, en passant par les steppes herbeuses de la Mongolie et les paysages rocheux du sud de la Chine, des panoramas et des climats en tout point différents couvrent des centaines de kilomètres. Les sols du nord de la Russie et de la Sibérie sont gelés en profondeur une grande partie de l'année et le désert de Gobi connaît des températures extrêmes.

La Mongolie étire son vaste plateau au cœur de l'Asie. Grande comme 3 fois la France, c'est un paysage de steppes à l'infini, de faibles collines tapissées d'herbe rase, sans un arbre à l'horizon. L'hiver, dure souvent 6 mois et la température peut alors chuter à - 40 °C. L'océan de verdure se transforme en un miroir de glace balayé par des tempêtes de neige et des vents cinglants.

La péninsule de Taïmyr, qui s'enfonce dans l'océan Arctique, connaît en hiver des températures de - 60 °C avec un blizzard violent, mais, dès les beaux jours, plus de 150 espèces d'oiseaux viennent s'y reproduire, transformant la presqu'île en poussinière géante.

Surnommé la « Perle de la Sibérie », **le lac Baïkal** détient un triple record du monde. Âgé de 25 millions d'années, c'est le plus vieux lac de la planète, mais aussi le plus grand et le plus profond. Ses eaux sont pures et transparentes jusqu'à 40 m de fond. Plus de 2 500 espèces animales et végétales le peuplent, dont 1 500 ne se trouvent nulle part ailleurs. Pendant 6 mois de l'année, sa surface se transforme en une immense mer de glace.

Au centre du continent asiatique, **le désert de Gobi** est l'une des régions les plus arides au monde. Sur une longueur de 1 600 km, son sol est presque uniformément recouvert de cailloux polis par le vent. Les pluies y sont rares, les hivers très rudes et les étés torrides. On peut alors passer de - 40 °C en hiver à 45 °C en été. Très peu de végétation vient orner ces vastes étendues et seuls quelques chameaux sont assez robustes pour supporter ces conditions éprouvantes.

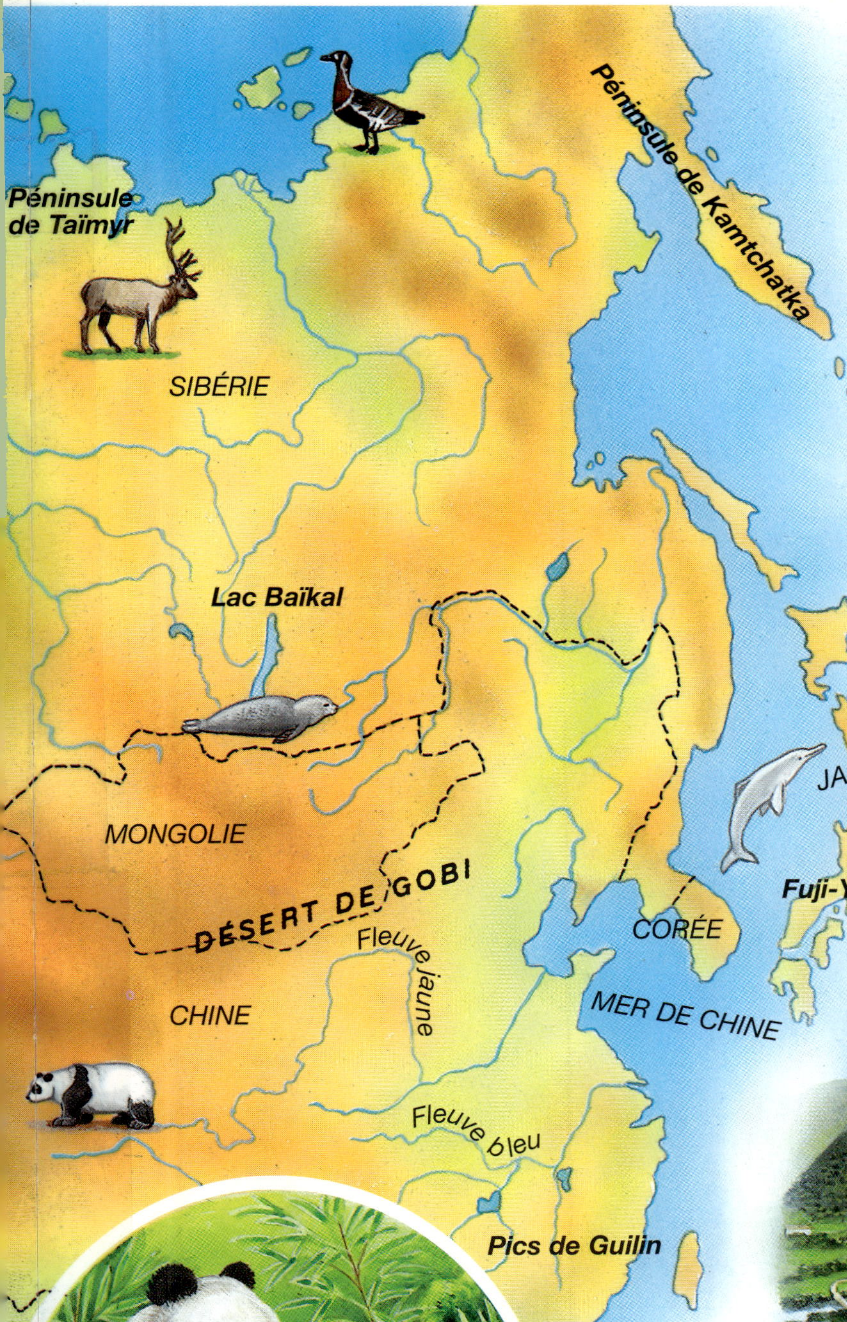

Située à l'extrême pointe est de la Sibérie, **la péninsule du Kamtchatka** offre un univers spectaculaire. Territoire volcanique qui compte 160 volcans dont 30 encore actifs, c'est aussi une région de lacs et de geysers, rassemblés par dizaines à certains endroits. Le volcan le plus imposant est aussi le plus haut des volcans en activité du continent. Ses flancs sont couverts de neige noircie par les cendres et la lave refroidies.

Certains de ces pitons mesurent 300 m de haut et sont creusés à leur base de grottes magnifiques. ▼

Se déployant dans une région au climat chaud et humide, **les pics de Guilin** constituent l'un des paysages les plus grandioses de Chine. Le long de la rivière Li, des centaines de pitons rocheux couverts de végétation moutonnent au-dessus des rizières.

Dans les montagnes du Sichuan, en Chine, subsistent les derniers grands pandas sauvages. Ils se nourrissent exclusivement de pousses et de feuilles de bambous et en consomment une quinzaine de kilos par jour ! Mais le déboisement leur a rendu la vie bien difficile. Menacés d'extinction, ils sont désormais protégés.

Le Fuji-Yama est la plus haute montagne du Japon. Il domine l'île de Honshu et fait partie de la trentaine de volcans actifs de l'archipel japonais. Son cratère principal atteint 200 m de profondeur mais des centaines de petits cratères secondaires ornent ses flancs. Coiffé d'une éclatante calotte de neige environ 10 mois par an, il est considéré comme le symbole du pays. C'est aussi la montagne sacrée de la religion japonaise et près d'un demi-million de fidèles font chaque année son ascension pour assister au lever du soleil depuis le bord de son cratère.

Le Fuji-Yama, symbole japonais.

LE PROCHE-ORIENT

Délimitée par la mer Noire, la mer Caspienne, la mer Rouge et la Méditerranée, cette région forme la zone de transition entre l'Afrique du Nord et l'Asie. Elle est caractérisée par d'importantes étendues désertiques que les hommes tentent parfois de reverdir comme dans le Néguev, en Israël. Dans ce milieu aride se déploient cependant des paysages de toute beauté, sculptés pendant des millions d'années par le vent et l'eau. C'est ainsi qu'à Pétra, en Jordanie, on pénètre dans une ancienne cité antique par le lit d'un torrent asséché aux parois impressionnantes.

Le cèdre du Liban est reconnaissable à sa forme bien particulière et à son parfum très agréable. Il était autrefois si répandu au Liban qu'il figure sur le drapeau de ce pays.

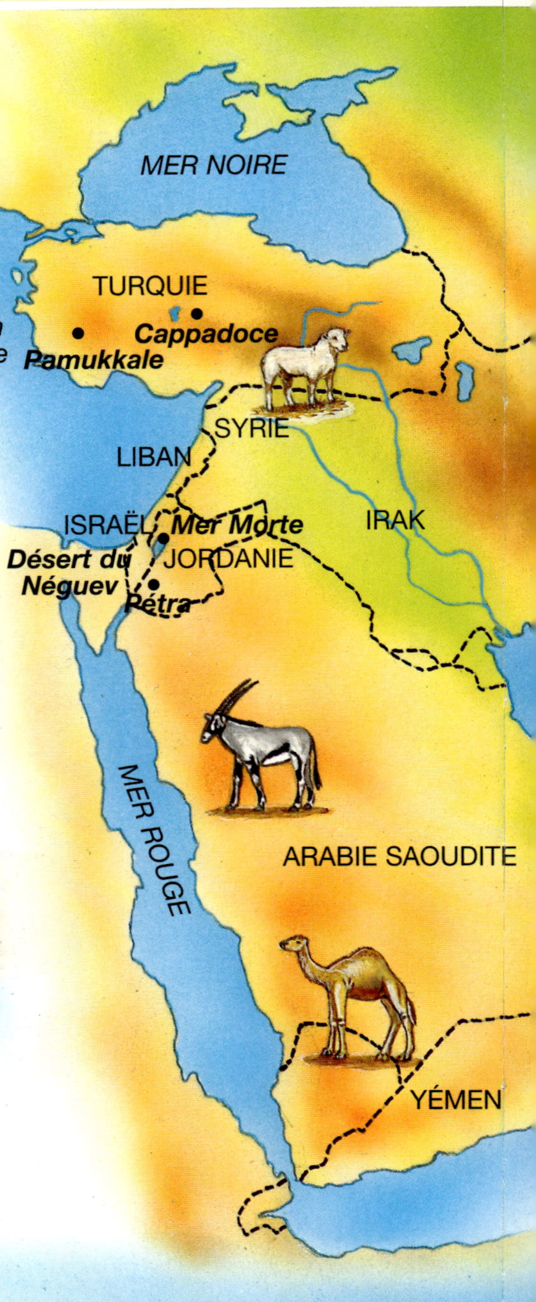

Contrairement à son nom, **la mer Rouge** est d'un bleu profond. Ses eaux chaudes hébergent une faune magnifique qui fait le bonheur des plongeurs. Partout des poissons multicolores se promènent parmi des massifs de coraux aux formes et aux couleurs variées. Comment imaginer un univers si chatoyant sous l'eau alors que, sur les terres alentour, ce n'est que désert de sable et de roche !

Poissons papillons, rascasses, murènes et coraux sont les trésors de la mer Rouge.

Autrefois, dans cette région de **la Cappadoce**, en Turquie, le sol était recouvert d'une épaisse couche de lave et de cendres, crachées par deux volcans en activité. Ces projections ont laissé en séchant une roche tendre qui a été sculptée par le temps, créant des colonnes et des tours appelées « cheminées de fée ». Les hommes y ont creusé des habitations et même des villes souterraines, désormais occupées par les oiseaux.

La colline de Pamukkale, en Turquie, est vraiment surprenante : elle semble recouverte d'un curieux glacier en marches d'escalier qui descend par paliers vers la vallée. Sa blancheur est due à des sources d'eau chaude riche en calcaire. En ruisselant depuis des milliers d'années, l'eau a fini par déposer une importante couche de calcaire et à former une succession de bassins en terrasses, où elle s'accumule, transparente.

La superbe gorge de Pétra est asséchée depuis très longtemps, mais, il y a quelques années, les eaux de l'ancien torrent s'engouffrèrent soudain à nouveau dans ce passage, causant la mort de plusieurs touristes.

En Jordanie, à **Pétra**, dans un paysage aride de grès ocre-rose se dessine une fantastique gorge très profonde qui se poursuit sur un kilomètre de long. Dominée par des parois hautes de 100 m, dont les couleurs varient au gré de la lumière, elle a été creusée par les eaux tumultueuses d'un torrent qui coulait à cet endroit il y a 6 000 ans. Cette gorge était le passage secret menant à une incroyable ville, construite dans la roche par le peuple nabatéen, qui commerçait dans la région, 400 ans avant Jésus-Christ.

À Pétra, temples, amphithéâtre et tombes ont été bâtis à même la roche dans un décor naturel spectaculaire. Le grès ne cesse de jouer avec la lumière, passant de l'ocre au rouge, tandis que l'homme paraît minuscule au milieu de ces reliefs gigantesques.

En Israël, depuis une trentaine d'années, l'irrigation systématique a permis à la végétation de renaître sur les falaises escarpées du désert du Néguev. Des millions d'arbres ont été plantés et on a réintroduit des animaux qui avaient disparu de ces terres (ânes sauvages, autruches...).

Séparant Israël et la Jordanie, **la mer Morte** est, comme le lac Baïkal, située au creux de l'un des fossés les plus profonds de l'écorce terrestre. Elle s'est formée il y a environ un million d'années et sa surface se trouve à 400 m au-dessous du niveau des océans. Elle est en particulier dix fois plus salée que les autres mers, ce qui empêche tout poisson ou plante d'y subsister, d'où son nom de « mer Morte ».

a mer Morte est tellement salée que les baigneurs flottent à sa surface sans aucun effort.

LE SUD-EST DE L'ASIE

Séparée du reste du continent par l'impressionnante chaîne de l'Himalaya, l'Inde étire son vaste triangle entre la mer d'Arabie et le golfe du Bengale. Toute une partie du pays est fertilisée par le Gange, que les neiges des glaciers et les pluies de mousson alimentent. Ce fleuve se répand dans l'océan Indien en un large delta marécageux peuplé de crocodiles marins, de tigres... Plus à l'est du continent, en Indonésie, on trouve des régions montagneuses où l'activité volcanique est intense.

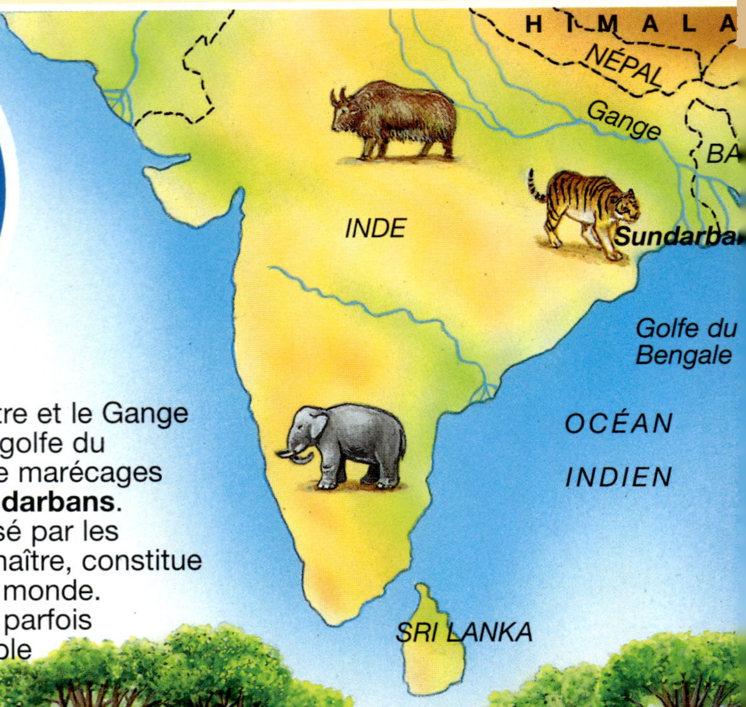

À l'endroit où le Brahmapoutre et le Gange se jettent tous deux dans le golfe du Bengale s'étend une zone de marécages de 300 km de long : **les Sundarbans**. Cet immense delta très arrosé par les pluies, où le tigre règne en maître, constitue la plus grande mangrove du monde. Sous une chaleur qui atteint parfois 40 °C, une jungle impénétrable se développe le long des canaux.

L'Himalaya porte bien son surnom de « Toit du monde ». En effet, 50 sommets dépassent 7 700 m et 14 culminent à plus de 8 000 m, dont le fameux Everest, qui domine à 8 846. Il est surnommé « la Déesse blanche du monde » par les Népalais. L'Himalaya se compose de trois chaînes parallèles qui s'étendent sur plus de 2 500 km de long. Trois des plus grands fleuves de la planète, le Gange, l'Indus et le Brahmapoutre, prennent leur source sur ces hauteurs.

Dans les vallées glaciaires de l'Himalaya, quand la neige s'est en partie retirée, le paysage prend parfois un aspect lunaire.

La chaîne de l'Himalaya est si étendue qu'elle comporte plusieurs massifs. L'Everest (8 846 m) et le K2 (8 611 m) sont les deux plus hauts sommets de la Terre.

Bénéficiant d'un climat équatorial, chaud et humide, l'Indonésie est tapissée de forêts tropicales qui abritent des milliers d'espèces animales et végétales, dont certaines sont encore inconnues. Parmi les plantes incroyables découvertes dans la région se trouve la plus grosse fleur du monde, **la rafflésie**, qui peut peser une dizaine de kilos !

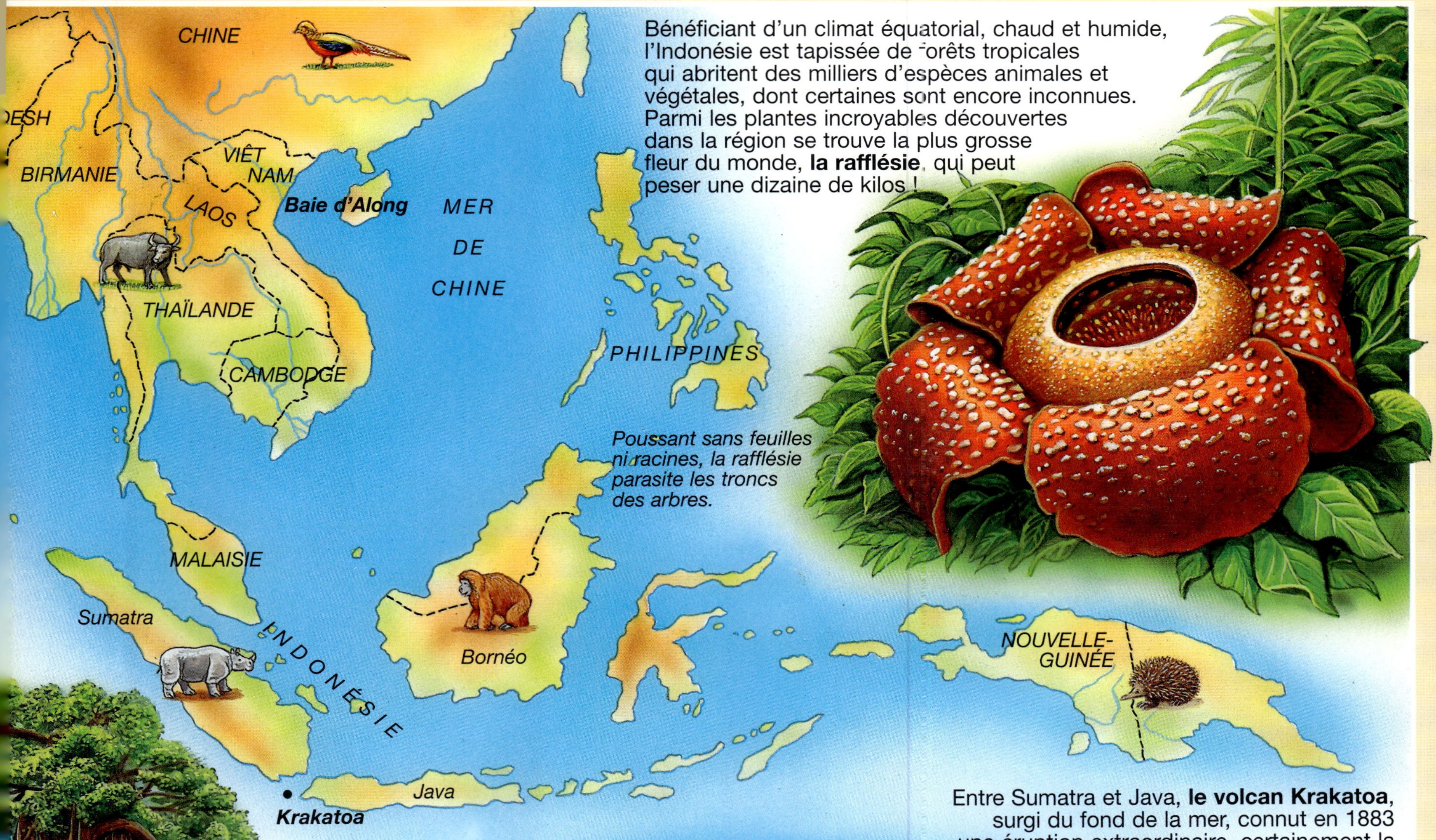

Poussant sans feuilles ni racines, la rafflésie parasite les troncs des arbres.

Entre Sumatra et Java, **le volcan Krakatoa**, surgi du fond de la mer, connut en 1883 une éruption extraordinaire, certainement la plus importante de ces derniers siècles. Des cendres s'élevèrent à 80 km dans le ciel, plongeant une partie de l'Indonésie dans le noir pendant deux jours ! À la suite de cette catastrophe, l'île-volcan fut engloutie, mais d'autres se formèrent et, aujourd'hui, un nouveau volcan, le fils du Krakatoa, dresse son cône empanaché de fumée au-dessus de l'eau.

Le banian est un arbre caractéristique de l'Inde. Il peut vivre très longtemps et il se développe à toute vitesse grâce à des racines aériennes qui tombent de ses branches pour s'enfoncer dans le sol. Le banian est très envahissant, il s'étale tellement qu'il est capable de démolir un bâtiment situé juste à côté.

Dressés comme des champignons géants et couverts de verdure au-dessus d'une mer émeraude, près de 3 000 îles et îlots rocheux s'étalent sur 1 500 km^2, dans **la baie d'Along**, au nord-est du Viêt Nam. Une légende raconte qu'un dragon gigantesque les aurait déposés sur la surface de la mer de Chine en fouettant l'eau avec sa queue. Plusieurs de ces pics calcaires sont percés de grottes, creusées par les vents et les typhons qui sévissent dans la région.

L'OCÉANIE

L'AUSTRALIE

Située au sud-est de l'Asie, l'Australie est la plus grande île de l'Océanie (l'un des cinq continents du globe), mais c'est aussi la plus grande île du monde. Sur une superficie égale à 14 fois la France, les reliefs ne dépassent pas 2 300 m et de vastes régions désertiques couvrent le territoire intérieur. On trouve sur cette terre des roches érodées aux formes surprenantes et des immensités tapissées de broussailles, livrées aux kangourous. Mais c'est au large que s'étend l'une des plus belles merveilles de la nature : la Grande Barrière de corail.

On a coutume d'appeler « outback » le territoire d'Australie éloigné des côtes. Ce sont souvent des terres de déserts, de savane, de pâturages immenses écrasés par le soleil et balayés par le vent.

Dans le centre de l'Australie, des centaines de curieux rochers aux formes arrondies paraissent déposés dans le paysage. Ce sont les **Devil's Marbles**, qui signifie en anglais « Billes du Diable ». Ces énormes blocs de granit qui semblent parfois à peine en équilibre, prêts à rouler, faisaient sans doute partie d'un gigantesque rocher qui s'est fracturé. Ces pierres, érodées par le temps, sont sacrées pour les Aborigènes, qui les considèrent comme les œufs d'un de leurs dieux : le serpent arc-en-ciel.

Sculptés par des pluies tropicales qui s'infiltrent dans la moindre fissure de la roche, modelés par les vents, **les monts Bungle-Bungle** forment un ensemble étonnant de dômes en forme de cloches. Sur leurs flancs, les différentes couches de roches dessinent de drôles de rayures horizontales. Ce magnifique site est appelé à disparaître avec le temps, à cause de sa constitution en matière particulièrement friable, sans cesse attaquée par l'érosion.

Dans le sud-ouest de l'Australie, au cœur du parc national de Nambung, **les Pinnacles** constituent un bien étrange paysage. Un désert de dunes se trouvait jadis à l'emplacement de ces sentinelles de pierre, qui se dressent aujourd'hui vers le ciel sur une mer de sable. Ces tours de calcaire ont sans doute été formées par l'amoncellement de milliards de grains de sable qui se sont solidifiés autour des racines de plantes qui poussaient jadis sur les dunes.

Surgissant au milieu du désert du haut de ses 867 m, **Ayers Rock** est une imposante montagne de grès rouge façonnée par 150 millions d'années de vent, de sable et d'eau. C'est le plus grand bloc rocheux de la planète (9 km de circonférence !). Pour les Aborigènes, c'est une montagne sacrée, qui aurait été créée par les Esprits à partir d'une simple dune. Ils lui ont donné le nom de Uluru, « lieu ombragé ».

Arbres-ananas

En Australie, il existe plus de 500 variétés d'**eucalyptus** : des gigantesques, des petits et même des nains dans le désert. Ce sont des arbres très résistants, capables de s'adapter à tous les reliefs. Ils dégagent un parfum caractéristique très agréable. Les koalas apprécient tout particulièrement leurs feuilles : ils en consomment 1 kg par jour ! En **Tasmanie**, une île au sud de l'Australie, les eucalyptus côtoient des conifères géants et des plantes appelées arbres-ananas. Sur cette île au climat capricieux, on peut passer en l'espace d'une heure de l'été à l'hiver !

Les termites géants australiens portent le nom de « termites boussoles », car ce sont d'astucieux architectes. Non seulement leurs termitières peuvent mesurer 3 ou 4 m de haut, mais elles sont toujours orientées de façon à capter un maximum d'énergie solaire quand il fait frais ou à échapper à l'écrasante chaleur en plein ensoleillement.

La Grande Barrière vue du ciel.

La Grande Barrière abrite des milliers d'espèces de poissons, étoiles de mer, anémones, plus magnifiques les uns que les autres. C'est un vrai feu d'artifice pour les plongeurs qui l'explorent.

La Grande Barrière de corail est le plus vaste récif de coraux du monde. S'étendant sur plus de 2 000 km de long et 100 km de large, en pleine mer, à l'est des côtes australiennes, elle s'est développée pendant des millions d'années, à raison de quelques millimètres par an. Les coraux sont des animaux qui construisent leur propre squelette, que viennent consolider des algues et des organismes microscopiques. Avec leurs récifs aux couleurs variées ces fonds marins figurent parmi les plus beaux du monde.

LES ÎLES DE L'OCÉANIE

L'Océanie ne comprend pas uniquement l'Australie, elle est formée de nombreuses îles et îlots, dont la Nouvelle-Zélande, parsemée de geysers et de volcans, l'archipel de la Polynésie, ainsi que la Papouasie.
Une légende polynésienne raconte que cet archipel compte autant d'îles qu'il y a d'étoiles dans le ciel ! Toutes ces terres sont différentes : tantôt elles sont nées de récifs coralliens et tapissées de cocotiers, tantôt elles sont issues de volcans surgis du fond de l'océan et plus montagneuses.

La fleur de tiaré est l'emblème de l'île de Tahiti, en Polynésie. Cette fleur blanche, très odorante, se reconnaît à sa forme étoilée. Elle se tresse en bouquets pour faire des couronnes et des colliers.

Les Rock Islands font partie de l'archipel de Palau. Vues du ciel, elles forment une mosaïque de perles vertes, posées sur le bleu de l'océan Pacifique. Couvertes d'une jungle dense et de marécages, elles sont séparées par des chenaux qui forment un vrai labyrinthe. Plusieurs lacs d'eau salée se sont formés entre ces méandres, dont l'un renferme des milliers de méduses.

La petite île de **Bora Bora**, en Polynésie, est surnommée la « Perle du Pacifique ». Surgie des profondeurs de l'océan il y a 7 millions d'années à la suite d'éruptions volcaniques, elle est dominée par une petite montagne, couverte de végétation. Un immense lagon peu profond que vient fermer un récif de corail entoure l'île. Le jeu des couleurs entre le bleu azur, le sable blanc et la verdure donne un panorama extraordinaire. Ce genre d'îlot né sur des coraux s'appelle un atoll.

Les bénitiers sont des coquillages géants. Les plus gros, que l'on trouve dans les régions coralliennes, pourraient contenir un homme !

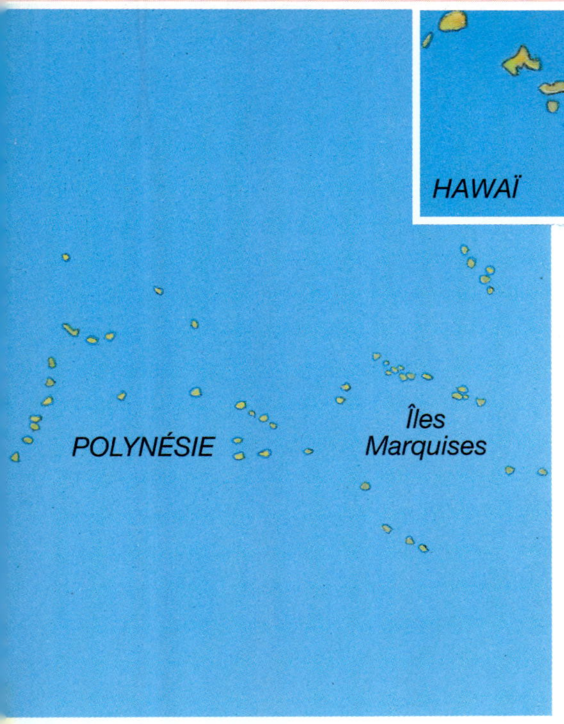

L'archipel d'Hawaï, qui étire ses îles sur 24 000 km, a émergé des flots il y a des millions d'années au fur et à mesure que le magma remontait des profondeurs de l'océan. Ses sommets sont donc les parties visibles de volcans sous-marins parfois très hauts. Parmi les nombreux volcans encore en activité à Hawaï, **le Kilauea** est couronné d'un immense cratère de près de 5 km de diamètre, d'où s'échappent des nuées de vapeur et de lave incandescente.

Les îles Hawaï sont situées sur un point chaud du globe terrestre, ce qui explique la présence de volcans actifs.

L'archipel des Marquises est constitué d'une douzaine d'îles, toutes bordées de hautes falaises et de sable noir. Au centre de chacune d'elles, d'importantes aiguilles rocheuses d'origine volcanique accrochent en permanence les nuages. Partout règne une forêt dense et humide.

Le cocotier est l'arbre le plus typique de la Polynésie. Son fruit énorme, la noix de coco, cache une pulpe blanche et délicieuse, et contient un « lait » qui se boit.

Une fois tombée au sol, la noix de coco germe comme une graine. Elle peut aussi flotter et parcourir des kilomètres sur l'eau.

Au sud de la Nouvelle-Zélande, d'étranges pierres rondes comme des billes semblent flotter sur l'océan : **les Moeraki Boulders** (1). Ces curiosités se sont formées durant des millions d'années, à partir de minéraux et de sels qui se sont agglutinés puis ont été érodés.

La Nouvelle-Zélande se compose de deux îles. Celle du Nord a été modelée par le feu des volcans, tandis que celle du Sud abrite des paysages creusés par les fjords. Dans la région de **Fjordland** (2), il tombe plus de 6 m de pluie par an, de quoi nourrir les fantastiques cascades qui surgissent dans la forêt tropicale, où vivent de superbes perroquets et autres oiseaux exotiques.

L'ARCTIQUE ET L'ANTARCTIQUE

À chaque extrémité du globe s'étendent les deux régions les plus froides de la planète. L'Arctique, au nord, est constitué d'une immense mer gelée qui peut atteindre 3,60 m d'épaisseur et qui entoure le pôle Nord. Cette banquise toujours en mouvement est le royaume des ours polaires, des renards et des loups. Au sud, l'Antarctique est un continent montagneux, dont la surface est recouverte en grande partie d'une très épaisse couche de neige et de glace. C'est le paradis des phoques et des manchots, mais la température peut descendre à – 89 °C et le blizzard souffle en rafales à plus de 300 km/h !

Pendant l'été, il fait jour 24 h sur 24. La faible chaleur favorise l'apparition de milliers de petites fleurs. Celles-ci sont mangées par les insectes, qui attirent à leur tour des nuées d'oiseaux.

La terre d'Ellesmere est la plus montagneuse des îles du Canada arctique. En été (de juin à septembre) la température remonte à 0 °C. La neige fond rapidement sous le soleil et laisse apparaître des plateaux pierreux et des vallées recouvertes d'une maigre végétation. Des quantités d'oiseaux viennent alors nidifier sur les côtes, les lacs et les cours d'eau. Et les loups blancs partent en chasse de quelques bœufs musqués ou caribous isolés.

L'ours polaire règne en maître dans les régions du Grand Nord. Il rôde sur la banquise à la recherche d'un phoque. Le renard polaire n'est jamais bien loin, car il récupère les restes du repas, mais cela ne plaît pas toujours à l'ours blanc !

En Arctique, la plupart des **icebergs** ressemblent à des meringues géantes flottant sur la mer. Ces blocs de glace de taille et de forme variées se sont détachés des glaciers qui se jettent dans l'océan. Au Groenland, ils sont des milliers au mois de mars à dériver en s'éloignant des côtes. Les plus grands atteignent 160 m de haut mais leur partie immergée est 7 fois plus grande encore, ce qui les rend dangereux pour les bateaux. En Antarctique, les icebergs ressemblent plutôt à des plates-formes et peuvent parfois mesurer plus de 100 km de long.

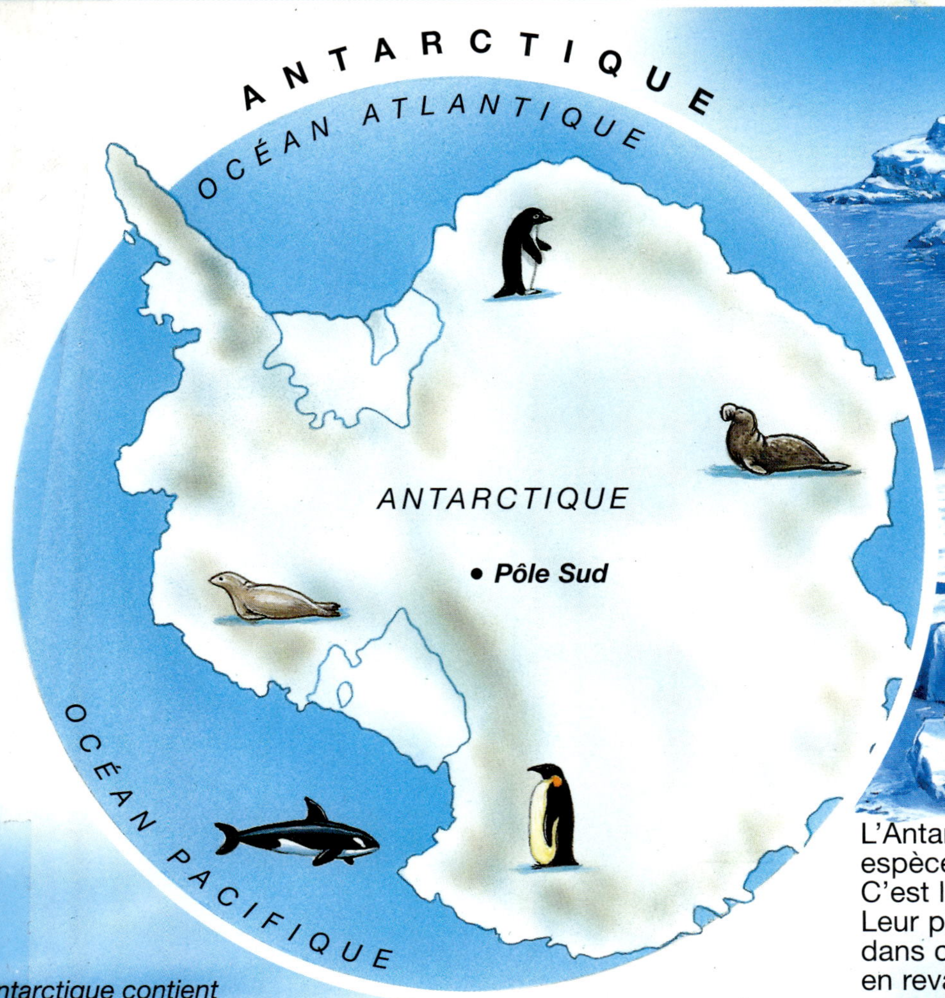

L'Antarctique est bien le domaine **des manchots**. Plusieurs espèces vivent en colonies de milliers d'individus le long du littoral. C'est là qu'ils se reproduisent et élèvent en couple leurs poussins. Leur plumage est imperméable à l'eau et au vent : c'est pratique, dans ces régions ! Ne sachant pas voler, ces oiseaux sont en revanche d'excellents nageurs.

L'Antarctique contient 90 % de la glace existant sur notre planète.

En mars, quand la température se réchauffe, la banquise de l'Arctique se disloque par endroits en milliers de plaques dont les angles finissent par s'arrondir à cause du frottement : le pack. La surface de la mer se recouvre alors d'un tapis de petites crêpes de glace aux bords relevés.

En Antarctique, c'est au mois d'avril que la mer commence à geler (c'est le début de l'automne dans cet hémisphère). **La banquise** se forme alors le long des côtes, mais elle est moins épaisse qu'au cœur de l'Arctique. Elle double la surface de glace du continent et elle sépare de 600 km la mer libre de la terre glacée !

Plusieurs **vallées sèches** tapissent l'intérieur du continent antarctique. Ce sont les rares zones où le sol n'est pas recouvert de neige et de glace. Ces déserts froids, longs de 40 à 80 km, abritent des lacs salés et des étendues de cailloux et de rochers. Certains de ces paysages désolés sont barrés d'énormes glaciers, dont la blancheur contraste avec le brun du sol et qui ont pris naissance à quelques kilomètres de là dans les hauteurs.